POLSKA
twarze

starych

miast

POLAND
faces

of old towns

and cities

WYDAWNICTWO MAZOWSZE

4 KRAKÓW

22 WARSZAWA WARSAW

46 WROCŁAW

62 LUBLIN

76 GDAŃSK

92 POZNAŃ

106 TORUŃ

126 NA KRAŃCACH MAPY ON THE MARGINS OF MAPS

Warto uważnie wpatrywać się w oblicza miast. Wsłuchiwać w ich mowę, głos przechodzący niekiedy w szept – warto wytężyć słuch, bo mają bardzo dużo do powiedzenia. Setki historii, dziesiątki legend, piękno dzieł sztuki, muzyka poranka – zawsze, za każdym razem inna.

Stare miasta są jak twarze starych ludzi: jest w nich mądrość, która w człowieku musi dojrzewać przez całe lata, zanim ujawni się w całej swej przenikliwości i uroku.

Jeśli chcemy nauczyć się czegoś, musimy odwiedzać starówki, Stare Miasta, historyczne centra; jeśli chcemy zrozumieć, musimy nauczyć się patrzeć.

It is worth taking a careful look at the faces of towns and cities; worth listening out for what they have to say, sometimes in a whisper that we have to strain to hear. But it is good to make the effort, because they have plenty to offer us: hundreds of stories to tell, tens of different legends, the beauty of their works of art, and music in the morning – always, if each time a little different.

In the same way, Old Towns are like the faces of elderly people: there is a wisdom there that cannot be attained without years of steady maturation ultimately allowing the full insight and charm to radiate out. So, if we want to learn something, we have to pay Old Towns and historic centres a visit. And if we are seeking to understand what we come cross, then we will have to (re)learn how to look … and to see.

KRAKÓW

Dyskretny urok minionych wieków
The discreet charm of ages past

Krakowski Rynek to jeden z piękniejszych placów w Europie. Kawiarnie otaczają renesansowe Sukiennice i wieżę Ratusza. Niewielki kościółek św. Wojciecha skrywa wielkie tajemnice: pod romańskim murem odnaleziono ślady wcześniejszej murowanej budowli, pochodzącej prawdopodobnie z II poł. XI stulecia.

Kraków's Market Square is surely one of Europe's most beautiful. Cafes surround the Square's Renaissance-style Cloth Hall and the Town Hall tower. The bijou Church of St. Adalbert holds a great secret. Beneath its Romanesque walls it has proved possible to find traces of a still-earlier stone-built structure probably dating back to the second half of the 11th century.

Kraków oddycha powietrzem nasiąkniętym historią. Nie ma przesady w stwierdzeniu, że w tym mieście na każdym kroku mija się pomniki przeszłości. Dawna stolica Polski przyjmuje odwiedzających z królewską gościnnością, przemawiając językiem drogich polskiemu sercu symboli, pięknem architektury i niepowtarzalną atmosferą, która stąd się chyba bierze, że w Krakowie, jak nigdzie indziej, miesza się dawne z obecnym, powaga z żartem a kwiaciarki ucinają sobie pogawędki z artystami.

Objęte zieloną obręczą Plant Stare Miasto trwa dostojnie od wieków, od pokoleń. Można je zwiedzać na różne sposoby: iść za przewodnikiem Drogą Królewską lub wybrać sobie własny schemat wędrówek, pozwolić prowadzić się nogom i oczom. Z pewnością jednak nie należy ominąć punktów najbardziej wartościowych, tych, które decydują o tak wysokim miejscu Krakowa na liście najcenniejszych polskich miast.

Powiedzmy, że przychodzimy od strony północnej, po trosze śladem królewskich orszaków, po trosze czując się jak zdobywcy forsujący stare mury obronne. Oto przed nami rysuje się znajoma sylwetka Bramy Floriańskiej, a przed nią ceglany Barbakan.

Barbakan to dzieło schyłku XV stulecia. Ten fragment fortyfikacji miał stanowić dodatkową osłonę dla Bramy Floriańskiej, z którą łączyła go tzw. szyja, czyli osłonięte murami mostowe przejście. Barbakan ma siedem wieżyczek. Choć dziś wyglądają na uroczą ozdobę, to jednak przed wiekami miały bardzo praktyczne zastosowanie: służyły jako miejsce dla obserwatorów, a w czasie odpierania ataku właśnie z wieżyczek Barbakanu prowadzono ostrzał żołnierzy nieprzyjaciela.

Tuż za Barbakanem wznosi się dobrze znana z pocztówek Brama Floriańska. Przypuszczalnie powstała w okolicach roku 1300. Jak niemal każdy zabytek, także krakowska Brama nie jest tworem jednolitym stylistycznie, lecz wzbogacanym na przestrzeni wieków o nowe elementy. Hełm, który ją zwieńczał uległ zniszczeniu w czasie potopu szwedzkiego; zastąpiono go pod koniec XVII stulecia nowym nakryciem, tym razem wykonanym w stylu barokowym. Nieco późniejsza jest rzeźba św. Floriana umieszczona na ścianie zwróconej ku ulicy Floriańskiej; orzeł zdobiący Bramę od strony Plant, to dzieło powstałe już według projektu Jana Matejki.

Jeszcze tylko 335 metrów ulicy Floriańskiej i znajdziemy się na przestrzeni Rynku. To bezsprzecznie ścisłe centrum, prawdziwe serce Krakowa.

Krakowski Rynek uznawany jest – nie tylko przez mieszkańców Królewskiego Miasta – za jeden z piękniejszych placów Europy. To salon miasta: tłumy zwiedzających, rzesza spacerowiczów. Potężny, o bokach mających ok. 200 m, robi wrażenie i zapada w pamięć. U wylotu Floriańskiej wyrasta, ukośnie w stosunku do Rynku usytuowany, gotycki kościół Mariacki. Świątynia wznosi się na wysokość 81 m. Tyle liczy wyższa z dwóch wież, Hejnalica. To z niej płyną dźwięki hejnału mariackiego, przekazywanego dzięki radiu całej Polsce. Kościół powstał w roku 1226. Po 15 latach pierwsza, utrzymana w stylu romańskim świątynia uległa zniszczeniu: najazdy tatarskie nieraz dawały

The very air Kraków breathes seems infused with history, and it is no exaggeration to state that there are testaments to the past with almost every step one takes here. What was formerly Poland's capital, and for long the seat of its monarchs, accepts visitors with hospitality of royal proportions, the city's utterances being in the language of symbols dear to the hearts of Poles, with beautiful architecture and a unique atmosphere. The latter most probably derives from the fact that in Kraków – like nowhere else – the old mixes with the new, the serious interweaves with the flippant, and the flower-seller may quite often be seen exchanging banter with the street artist.

Ringed by the green space known as the *Planty*, Kraków Old Town has come down through the ages, the generations, with its elegance intact. It can be visited in different ways. One might do the so-called Royal Route with a guide, or else choose oneself a trail along which to wander, or simply see the sights as the fancy takes one – letting one's feet and eyes do the work *in situ*. But some points on the itinerary must be standard to all visits, being simply too precious to miss out on. These are, after all, the ones that determine Kraków's high place on the list of Poland's most important towns and cities.

Let us say that we come in from the north side, following a little bit in the wake of the Royal Progresses of old, but also perhaps feeling like those conquerors down the ages who proved up to the task of taking the city walls by force. For here before us are the so-very-familiar lines of the Florian Gate, with the brick-built Barbican in front of that.

The Barbican (*Barbakan* in Polish) in fact goes back to the last years of the 15th century. This element in the overall fortifications was to serve as a further protection for the Florian Gate, to which it was attached by a so-called "neck", i.e. a wall-protected bridge structure offering rapid passage. The Barbican has seven turrets which seem like charming decorative elements to today's eyes, but were not so centuries ago, when they served the practical purpose of allowing trained lookouts to do what their name suggested. Were the enemy to come into view, their place would of course have been taken by soldiers well able to put up withering fire against any foe.

As has been noted, it is the photogenic Florian Gate that lies just beyond the Barbican – a structure that presumably came into being around 1300. Like just about every item of heritage architecture, the Gate is not all of a piece stylistically, but was rather enriched with new elements as the centuries passed. The helm roof crowning it, for example, was much damaged during the 17th-century Swedish incursion into Poland known as "The Deluge". It comes as no surprise that a new top was needed after that, and that this was executed in the Baroque style. A little younger than the roof is the sculpture featuring St. Florian, which adorns the wall on the Floriańska Street side. The eagle on the side of the *Planty* is younger still, being to a design by renowned artist Jana Matejko.

Beyond the Gate, we have just 335 m of Floriańska Street to cover before we come within the precincts of the Market Square, the unquestioned "heart of the heart" of Kraków.

There is an idea – adhered to not only by the inhabitants (who would say that, wouldn't they?) – that Kraków's Market Square really is one of the most beautiful in Europe. And how could that not be so? This is a place thronged with long-distance visitors and local strollers alike. It is large, with sides of around 200 m, and it makes the kind of impression that sticks in the memory. Standing by it at an angle, at the point where Floriańska Street meets the Square, is the Gothic St. Mary's Church. This reaches 81 m in height at the tip of the taller of the two towers – the one known as the *Hejnalica*, since the *Hejnał* trumpet-call is blown from here on the hour, and transmitted by radio across Poland, traditionally being curtailed abruptly before its true end. The church itself is from 1226, but its first

wały się Królewskiemu Miastu we znaki. Pod koniec XIII wieku powstał drugi kościół, tym razem halowy. Sto lat później świątynię przebudowano, tworząc bazylikę o trzech nawach. Wnętrze słynnego kościoła zachwyca niezwykłą polichromią autorstwa Jana Matejki.

Istnym cudem jest słynny ołtarz Wita Stwosza. Wieloelementowa rzeźba geniusza z Norymbergii nie pozwala oderwać wzroku od swoich figur, zdobień, detali.

Sukiennice wypełniają się głosami zwiedzających. Sprzedawcy, zapewne podobnie do tych, którzy handlowali tu przed wiekami, oferują swój towar. W gruncie rzeczy więc nie zmienił się charakter tego miejsca. Może tylko inne są rzeczy wystawione na sprzedaż. Dziś królują tu pamiątki, rękodzieło, skóry… Niegdyś w Sukiennicach skrzyło się sukno sprowadzane z Flandrii, bele niemieckich materiałów czekały na kupujących, ułożone starannie na półkach kramów.

Krakowski Ratusz nie przetrwał do dnia dzisiejszego. Sąsiadujące z Sukiennicami zabudowania rozebrano ostatecznie w 1818 roku. Jedyną po nim pozostałością jest wieża, której strzegą kamienne lwy.

Znajdujący się nieopodal malutki kościółek św. Wojciecha należy do najstarszych kościołów Krakowa. Postawiony na miejscu innej świątyni, czy raczej świątyń, z których najstarsza pochodziła z okresu jeszcze przedromańskiego, jest kościół św. Wojciecha znakomitym przykładem bogactwa tutejszego budownictwa sakralnego, o czym zaświadczają ślady romańskie, gotyckie i późniejsze: renesansowe i barokowe.

Ulica Grodzka powiedzie nas aż do stóp wawelskiego wzniesienia.

Wawel to nie tylko cenny zabytek. To wzgórze i zamek, które są symbolami – polskości, tradycji, niepodległości. Miejsce pochówku królów i ludzi wybitnych. Dowód na niegdysiejszą potęgę państwa. Lśni w słońcu piękny dziedziniec, renesansowe umiłowanie ładu i proporcji uspokaja oczy; we wnętrzach pysznią się arrasy, pilnie strzeżone trwają przez wieki narodowe pamiątki.

W najważniejszych dla kraju chwilach – tych radosnych i tych smutnych – rozbrzmiewa z wawelskiej katedry głos najsłynniejszego w Polsce dzwonu: Zygmunta. Tak, oto Kraków...
Oto Polska...

– Romanesque – predecessor on the site existed for just 15 years before the invading Tartars put paid to it. They came back several times, and a second church therefore had to wait until the late 13th century. A hundred years after that there was further remodelling work, the hall-type church giving way to a basilica of three naves. The interior of this very famous place of worship boasts exceptional polychromy by Jan Matejko, while another minor miracle here is the (Veit Stoss) altar. So attractive is this multi-element sculpture work of the genius from Nuremberg that the visitor finds it difficult to take his/her eyes off the figures, decorative elements and details.

Kraków's Cloth Hall (*Sukiennice*) is ever full of the voices of visitors, while the sellers offer their wares, doubtless in much the same way as their forebears did, centuries back. To a great extent, then, this place is now as it has always been. At most the goods on display are a bit different to their earlier counterparts, these days focusing mainly on souvenirs, if ones that often continue to represent the skilled work of the human hand… Once it was quality cloth imported from Flanders and Germany that was piled up on the stalls here, awaiting buyers.

A feature adjacent to the Cloth Hall that has not made it through to the present day was Kraków's Town Hall, which was dismantled in 1818. The tower is now all that remains of it, as guarded by its stone lions.

Located close by is the tiny Church of St. Adalbert, one of the oldest places of worship anywhere in the city. Old it may be, but it stands on the site of yet-earlier structures going right back to the pre-Romanesque period. It is a fine example of the religious architecture in Kraków, bearing traces of the Romanesque, Gothic, Renaissance and Baroque.

Passing along Grodzka Street we come to the very foot of the Wawel Hill.

Wawel is not just a precious piece of architecture. As hill and castle both, it does nothing less than symbolise Polishness, tradition and independence. It is the burial place of monarchs and leading citizens alike, exemplifying in the process the power that Poland once represented. And when the Poland of past or present has gone through its key moments – be they happy or sad – the bell *Zygmunt* in the Wawel Cathedral has rung out…

A beautiful courtyard basks in the sun and we drink in this example of how Renaissance designers derived joy out of proper order and proportion. A further treat is offered by the rich tapestries of the interiors, and the national memory guarded down the centuries goes on being preserved. Yes, this is Kraków indeed… And Poland...

Średniowieczna Brama zamyka ulicę Floriańską. Niegdyś mury Krakowa posiadały dziesięć bram prowadzących do miasta.

The Mediaeval gate closing off Floriańska Street. The walls of Kraków once had ten gates leading into the city.

Widok przez Wisłę na spowite mgłą Wzgórze Wawelskie. ▶▶

The view along the Vistula to a mist-shrouded Wawel Hill.

Ołtarz autorstwa Wita Stwosza w kościele Mariackim. Powstawał przez 12 lat, od roku 1477. Przy głównej szafie ołtarzowej zamontowane są dodatkowo ruchome i nieruchome skrzydła. Jak wyliczono, dzieło składa się z ok. 200 figur i 2 tys. detali.

The altar by Veit Stoss (polish Wit Stwosz) in St. Mary's Church. It took 12 years to create, beginning in 1477. The main wooden surround of the altar is augmented by moveable or non-moveable side panels. This masterpiece has been shown to comprise some 200 figures and 2000 decorative details.

Sukiennice są jednym z najchętniej odwiedzanych zabytkowych obiektów w Krakowie. Zniszczone przez ogień w 1555 roku gotyckie Sukiennice zostały zastąpione nową budowlą, utrzymaną już w stylu renesansowym. Attykę zaprojektował Santi Gucci, autorem kolumnowych loggi jest Jan Maria Padovano. Sąsiadujący z Sukiennicami kościół Mariacki jest świątynią gotycką o układzie bazylikowym, który zastąpił dawniejszy układ halowy. Wzniesiona w XIV i XV stuleciu bazylika jest jednym z najbardziej znanych kościołów Krakowa i Polski.

The Cloth Hall represents one of the most eagerly visited of Kraków's heritage buildings. It was in fact destroyed by fire in 1555, the old Gothic version giving way to a new building now in the Renaissance style. The attic was designed by Santi Gucci, while the colonnaded loggia is by Giovanni Maria of Padua. The nearby St. Mary's Church is a Gothic-style basilica which – in the 14th and 15th centuries – took the place of an earlier hall-type place of worship. The present version is one of the best-known churches anywhere in Poland, let alone Kraków.

◄ Krakowskie Planty obejmują zielonym pierścieniem Stare Miasto. Powstały na miejscu dawnych murów obronnych, których rozbiórka rozpoczęła się w 1807 roku. 13 lat później zapadła decyzja o założeniu miejskiego ogrodu.

Kraków's *Planty* Park forms a green ring around the Old Town. The trees, shrubs and flowers now grow where there were defensive walls until the time of their removal in 1807, though the park idea was not in fact happened upon until 13 years after the ramparts were taken away.

Dziedziniec Collegium Maius. Arkady z XV stulecia przypominają o średniowiecznym pochodzeniu budynku, w którym od 1400 roku mieściła się siedziba Akademii Krakowskiej.

The courtyard of the *Collegium Maius*. The 15th-century arcades remind us of this building's origins (housing the Kraków Academy from 1400 onwards).

Dzieje Noego. Jeden ze 138 arrasów wawelskich, niezwykłej kolekcji Zygmunta Augusta. ►►

A tapestry in the Wawel Castle presents *The Story of Noah*. This is just one of 138 tapestries in the Wawel Castle, forming part of a collection assembled by King Zygmunt August.

KRAKÓW | *13*

◄ Wzgórze wawelskie, na którym wznosi się zamek i katedra, to jedno z najważniejszych miejsc dla Polaków. Przed wiekami była tu siedziba królów, ale nawet po przenosinach stolicy do Warszawy, Wawel nie stracił swego symbolicznego znaczenia.

The Wawel Hill holding both Castle and Cathedral is one of the places closest of all to the hearts of Poles. This was a Royal seat for centuries, and a place of ongoing symbolic significance even after Warsaw took over as Poland's official capital city.

Bazylika archikatedralna św. Stanisława i św. Wacława. Najstarsza świątynia stanęła na wzgórzu najpewniej w początkach XI wieku. Dzisiejsza katedra powstała w I poł. XIV stulecia – jej fundatorami byli Władysław Łokietek i Kazimierz Wielki. Zwiedzając wawelską katedrę, koniecznie trzeba zatrzymać się na dłużej przy Kaplicy Zygmuntowskiej, nie bez powodu nazywanej polską perłą renesansu. Na zdjęciu Konfesja św. Stanisława. Baldachimowa kaplica z lat 1628–1630 jest dziełem Giovanniego Trevano.

The Cathedral Basilica of Sts. Stanisław and Vaclav. The oldest place of worship was most likely standing on the elevation by the beginning of the 11th century. However, today's Cathedral – funded by Władysław the Short and Kazimierz the Great both – is from the first half of the 14th century. While visiting the Wawel Cathedral, a larger amount of time will certainly have to be put by for visiting the Zygmuntowska Chapel, deservingly dubbed the "Polish Pearl of the Renaissance". Pictured here, the Confessional of St. Stanisław, with the chapel canopy that is the 1628–1630 work of Giovanni Trevano.

Fundatorem kościoła Świętych Apostołów Piotra i Pawła był Zygmunt III Waza. Świątynia, przeznaczona dla zakonu jezuitów, powstawała od 1597 roku. Jest pierwszym kościołem barokowym w Krakowie. Warto zwrócić uwagę na posągi ustawione przed kościołem – rzeźby przedstawiające dwunastu apostołów wykonał Dawid Heel. Do kościoła św.św. Piotra i Pawła warto zajrzeć również dla znajdującego się tu wahadła Foucaulta. ►►

The founder of the Church of Saints Peter and Paul was King Zygmunt III Waza. The Church was designated for the Jesuits, and came into existence in 1597. This made it the first Baroque-style place of worship anywhere in Kraków. It is worth noting the statuary by Dawid Heel standing in front of the church, and presenting the 12 Apostles. The visitor should enter, even if only to take a look at the church's Foucault Pendulum.

Kazimierz – dziś dzielnica Krakowa, niegdyś był oddzielnym miastem. Zamieszkały od II poł. XIV stulecia przez społeczność żydowską, wytworzył swoją niepowtarzalną aurę. Do Krakowa włączony został w 1800 roku. Do II wojny światowej na Kazimierzu działało siedem synagog. Dziś krakowski Kazimierz odzyskuje blask, choć wraz z jego żydowskimi mieszkańcami bezpowrotnie odeszła dawna kultura i klimat.

Today a district of Kraków, Kazimierz was once a separate town. A Jewish community was based here from the second half of the 14th century onwards, that special aura being always present from then on. Kazimierz joined up with Kraków in 1800 but did not lose its identity until the dread days of World War II. Prior to that some seven synagogues had been in operation. Kazimierz is now getting a lot of its old sparkle back, but the true culture and atmosphere of old were snuffed out forever when the inhabitants were carted off to their deaths.

Synagoga Remuh jest obecnie jedyną w Krakowie synagogą, w której odbywają się regularne nabożeństwa. Na miejscu dawnej, drewnianej bożnicy, którą zniszczył pożar, w 1557 roku stanęła murowana świątynia. Prace remontowe z 1829 roku nadały jej kształt, który dotrwał do dzisiejszych czasów. Widoczna na fotografii szafa ołtarzowa pochodzi z XVI wieku.

At present, Kraków's only synagogue for regular worship is the *Remuh*. When an old wooden house of prayer here succumbed to fire, the rebuilding from 1557 was with brick and stone. Renovation work was carried out in 1829, the result being the appearance still to be noted today. The altar cupboard visible in this photograph dates back to the 16th century.

WARSZAWA WARSAW

Muzyka na fundamencie popiołów
Music founded on ashes

Pomnik Fryderyka Chopina w Łazienkach zaprojektowany przez Wacława Szymanowskiego – odsłonięty w latach 20. XX stulecia. Co roku latem, w niedziele o godzinie 12 i 16 odbywają się tu koncerty fortepianowe.

The Frederick Chopin Monument in Łazienki Park is the work of Wacław Szymanowski. It was unveiled in the 1920s and has ever since borne witness to piano concerts on summer Sundays at midday and 16.00.

Warszawa nasycona jest muzyką. I nawet nie tą, która sączy się zza drzwi kawiarni, lecz tym cichym, ledwo wyczuwalnym rytmem cieni, latarni, ścian i dachów okrytych pledem zrudziałych brązów. Przez Warszawę chodzi się zasłuchanym.

Niedaleko od ulicy Miodowej, na placu Krasińskich, 11 października 1830 roku Fryderyk Chopin dał ostatni ze swoich koncertów, kilkanaście dni przed wyjazdem z kraju. Koncert odbył się w Teatrze Narodowym, na którego miejscu znajduje się dziś Pałac Sprawiedliwości. Ze sceny popłynęły dźwięki symfonii Gornera, Rossiniego, a także utwory samego wykonawcy. Dziś muzyka Chopina rozbrzmiewa przy pomniku kompozytora w Łazienkach. Trzeba tu zajrzeć: jeśli nie na koncert, to choćby po to, by pospacerować wśród zieleni. Ten niezwykły park o powierzchni 76 ha potrafi oczarować – i robi to nieprzerwanie od XVIII stulecia. Migoce światło odbite w wodzie, połyskują jasne ściany Pałacu na Wyspie. Piękno tego miejsca dostrzegł król Stanisław August, kiedy zdecydował o rozbudowie stojącego tu wcześniej pawilonu Łaźni Lubomirskiego. W latach 1772–1793 na bazie dawnego budynku powstał uroczy pałacyk, letnia rezydencja królewska. XVII-wieczny pawilon przebudowano w stylu klasycystycznym pod okiem Dominika Merliniego i Jana Christiana Kamsetzera.

Cofnijmy się jednak do miejskich murów. Zanurzmy się głębiej w przeszłość jeszcze dalszą…Przyjmuje się, że Warszawa powstała na przełomie XIII i XIV stulecia, choć nie zachował się akt lokacyjny. Nawiasem mówiąc, nie ma również innego ważnego dokumentu: tego, który potwierdzałby stołeczność miasta, ustanowioną przez Zygmunta III Wazę pod koniec XVI wieku. Kilka lat później, jak na stolicę przystało, w Warszawie przestano stawiać drewniane budynki, a ich miejsce zajęła zabudowa murowana.

Rynek zaplanowano jako prostokąt o wymiarach 90 na 73 m, tak by dłuższe ramię było równoległe względem Wisły. Od każdego rogu placu odchodziły dwie ulice. W oczy rzucało się bogactwo kramów. W 1429 roku na Rynku pojawił się ratusz. W XV stuleciu zabudowania Rynku utrzymane były w stylu gotyckim; kamienice miały przeważnie dwa piętra, wystawiano je z cegły, nie kładąc już na powierzchnię ścian tynku. W roku 1607 ogień strawił duży obszar miasta, nie oszczędzając również Rynku, który stracił większość budynków. W płomieniach zniknął warszawski gotyk – kamienice odbudowano, ale nadano im już nowocześniejszą formę. Wokół Rynku stanęły wyższe niż poprzednio, trzypiętrowe domy. Zadbano również o to, by ceglane ściany pokrył tynk. Ta architektura utrzymała się tu bardzo długo: praktycznie aż do Powstania Warszawskiego Rynek oplatał wieniec kamienic z attykami.

Warszawska Syrenka jest jednym z najbardziej rozpoznawalnych symboli polskich miast. Ta z historycznego centrum, dzieło Konstantego Hegla, przenosiła się w różne zakątki miasta. Od 1855 do 1928 zdobiła przestrzeń Rynku – wróciła tu dopiero w roku 2000.

Z północno-wschodniego narożnika wstępujemy przez Krzywe Koło na Kamienne Schodki. Jeszcze w połowie XIX wieku wychodziło się tędy przez Bramę Rybaków. Po przebudowie zostało tylko zejście nad Wisłę – nadal niezwykle malownicze .

Nie można wyobrazić sobie pejzażu Warszawy bez charakterystycznego zarysu Zamku Królewskiego. Miasto, zamknięte początkowo w obrębie 12 ulic na

Warsaw is awash with music. Not just that seeping out through the doors of cafes, but also the quieter kind, hardly audible at all, reflecting the rhythm of shadow, streetlamp, wall, and warm-brown rooftop. One is all ears as one walks through Warsaw.

A stone's throw from Miodowa Street in Krasińskich Square, Frederick Chopin gave his last Polish concert, on October 11th 1830. Less than 20 days later he had left his country forever. The precise venue for the recital was the then National Theatre, located where today's Palace of Justice now stands. The stage at that time resounded to a Gorner symphony and works by Rossini, as well as to the musical compositions of the performer himself. Today, Chopin's music may be heard by the monument to the great composer in Warsaw's Royal Łazienki Park. The latter attraction is a must-see, if not for a concert then for a walk amidst all the greenery. It is easy to become captivated by this 76 ha Park, just as it was when it first came into existence in the 18th century. Flickering light, reflected off the water, bathes the pale walls of Łazienki's Palace on the Island. The beauty of this place was discerned by King Stanisław August, who decided to have remodelled the already-standing Bathhouse Pavilion of the Lubomirski family (the very word Łazienki still makes reference to these baths). In the years 1772–1793, that original building was converted into a charming palace that was to serve as a royal summer residence. The 17th-century pavilion was made over in the Neo-Classical style under Domenico Merlini and Jan Christian Kamsetzer.

But let us go across to Warsaw's town walls. And immerse ourselves yet further in the past… It is generally accepted that Warsaw came into being in the late 13th and early 14th centuries, though no founding act or charter attesting to this has survived. In parenthesis we might add that there is an equally tangible lack of the kind of key document that would confirm in writing the capital city status of Warsaw (in place of Kraków) introduced by King Zygmunt III Waza at the end of the 16th century. Shortly thereafter, the city ceased to build out of wood any longer, stone or brick being employed in its place.

The Market Square (Rynek) was planned as a rectangle of sides 90 by 73 m, designed in such a way that the longer façades ran parallel to the River Vistula. Two roads led off from each corner. The market stalls here are said to have been eye-catchingly rich. In 1429 a Town Hall appeared in the Square. Through the 15th century, the construction of the Market Square was maintained in the Gothic style. The tenement houses were mainly of two floors, built of brick, with no plaster superimposed on the walls any longer. Alas, the built-up part of Warsaw was consumed by fire in 1607, the Market Square itself also being badly hit. And that effectively put paid to Warsaw Gothic. While the houses were rebuilt, they now had more modern forms conferred upon them. The new, improved Market Square would now be lined by three-storey houses taller than their predecessors, and care was taken to plaster over the brickwork. Such architecture then remained in place around the Square for rather a long time, until the idea of the tenement house topped off with a light-supplying attic came into fashion.

Among the symbols of the Polish cities, the Mermaid of Warsaw is surely one of the best known. The one from the city's historic centre – by Konstanty Hegel – was moved from one corner of the town to another. Between 1855 and 1928 it took pride of place on the Market Square, but then did not return there until the year 2000.

From the north-eastern corner of the Square we progress via the so-called Krzywe Koło ("Uneven Circle") to Kamienne Schodki ("the Stone Steps"). As recently as in the mid 19th century these were still being exited via the so-called Fishermen's Gate. However, after rebuilding work was carried out, all that was left was a way out to the Vistula – which remains exceptionally picturesque.

One cannot imagine the Warsaw cityscape without the characteristic lines of the Royal Castle. The original town, initially confined to 12 streets over a total area of 10 ha, was constructed around that castle's predecessor, first erected by the Dukes of

10 hektarach, oparte było o zamek, wystawiony jeszcze przez mazowiecką linię książąt. Na miejscu dawnej budowli stopniowo powstawał nowy zamek, przystosowany do aktualnych mód architektonicznych. Bardzo znana, podręcznikowa fotografia z 1939 roku przedstawia Zamek Królewski spowity kłębami dymu i kurzu po niemieckim bombardowaniu. Wiatr przesuwa język ognia z wieży na lewo. 17 września. Znamienna data.

Zamek Królewski, podobnie jak inny warszawski symbol, kolumna Zygmunta, nie przetrwał Powstania Warszawskiego. Poważnie zniszczony we wrześniu 1939 roku, pięć lat później został wysadzony przez Niemców w powietrze. Po wojnie udało się odtworzyć zabytkową zabudowę, choć nie brakowało głosów, by na tym miejscu wprowadzić zupełnie nowe rozwiązania architektoniczne.

Tuż przy placu Zamkowym, na Krakowskim Przedmieściu, wznosi się kościół św. Anny. Świątynia ufundowana została w 1454 roku przez księżną Annę Mazowiecką. Potop szwedzki zmył z budowli gotyckie piękno; kościół podnosił się ze zniszczeń przez wiek: odbudowany, otrzymał formę barokową. Gotyckie pozostałości odnaleźć można w zewnętrznym murze nawy od strony dziedzińca. Klasycystyczna fasada ozdobiła budowlę w roku 1788. Warto zwrócić uwagę na umieszczone w niszach posągi ewangelistów, dzieło Giacomo Monaldiego. Jeśli przyjrzymy się bliżej, z pewnością twarz św. Marka wyda nam się skądś znajoma. Po chwili namysłu już wiemy! Wszak spogląda na nas król Stanisław August! Kościół wyszedł z pożogi powstania obronną ręką. Wprawdzie spłonęła część sklepień, kaplica Najświętszej Marii Panny Loretańskiej, a także dach, ale szczęśliwie ocalała duża część wyposażenia.

I oto do naszych zmysłów przemawia wspaniałość gotyku: przed nami Bazylika Archikatedralna św. Jana Chrzciciela. Historia tego kościoła sięga połowy XIII wieku: istniała tu wówczas kaplica książęca – jeszcze drewniana. Murowaną budowlę wzniesiono dopiero na początku XV stulecia. Świątynia podlegała przebudowom i zmianom, przez cały czas jednak zachowując formę gotycką. W czasie walk powstańczych została zrujnowana; dzieła zniszczenia dopełniły niemieckie ładunki wybuchowe. Wysadzona w powietrze bazylika została po wojnie zrekonstruowana. To kościół wypełniony historią: w jego murach Piotr Skarga wygłaszał Kazania sejmowe, tutaj zaprzysiężono Konstytucję 3 Maja. Przypomnieniem ostatniej wojny jest gąsienica czołgu wmurowana w ścianę świątyni.

Niewiele zostało ze Starego Miasta po powstaniu; ok. 90 procent zabytkowej zabudowy legło w gruzach. Warszawa została zbudowana na nowo. Podniesiono ją z popiołu i gruzu, odtworzono, napisano tę warszawską sonatę raz jeszcze, od pierwszej linijki.

Było warto i było trzeba: dla siebie, dla następnych pokoleń. We wrześniu 1980 roku warszawska Starówka została wpisana na listę Światowego Dziedzictwa UNESCO.

Dzisiejsza Warszawa goni za wielkomiejskością. Zapewne nie ma wyboru. Czym innym bowiem mogłoby stać się to miasto, dokąd zawędrować, jeśli nie w objęcia metropolitalnego zgiełku?

Mazovia. That first structure gave way to a new one that evolved in line with the latest trends in architecture. A very well-known photo from 1939 shows the then Castle with smoke billowing from it in the wake of the first German bombardment. The wind is also seen to be carrying tongues of flame off to the left. It was September 17th – a significant date. Like that other Warsaw symbol, King Zygmunt's Column, the Royal Castle was not to survive the Warsaw Uprising. Serious damaged as early as in September 1939, it was blown to pieces by the Germans five years later. Long after the War it proved possible to put this historic building back in place, though there were plenty who were vocal in their support for some other structure to go up on the site.

Standing just beyond Castle Square in Krakowskie Przedmieście Street is St. Anne's Church, which was funded in 1454 by Duchess Anna of Mazovia. The Swedish invasion of Poland deprived St. Anne's of its Gothic beauty, and it took a century for this place of worship to recover from the devastation, the new form being Baroque. However, remnants of the Gothic are still to be found in the outer wall of the nave on the courtyard side. The Neo-Classical of the façade is in turn a 1788 innovation. Noteworthy there are the sculptures of the Evangelists in their niches, which are the work of Giacomo Monaldi. Were we to take a closer look at the face of St. Mark, we might be surprised at its "familiar" look, since it is known to have been modelled on last King of Poland Stanisław August! The Church emerged from the Uprising more or less unscathed. Part of the vaulting did burn, it is true, as did the Chapel of the Loreto Mother of God and the roof, but most of the internal fittings survived.

The splendour of the Gothic style can also appeal to our senses, as at the Warsaw Archi-Cathedral of St. John the Baptist. Here, the history stretches all the way back to the mid 13th century, when there was a chapel serving the Dukes of Mazovia, still of wood. A building of brick and stone only came along in the early 15th century, and the usual round of remodellings and changes followed, albeit with a Gothic form always prevailing in this case. The struggles of the Warsaw Uprising resulted in major destruction here, but this was not just due to the vagaries of battle, being also the effect of explosive charges set deliberately by the Germans. But the blown-up Cathedral was rebuilt after the War, and what we see today in fact dates only from the mid 20th century. This is nevertheless a place full of history: within it Piotr Skarga gave his Parliamentary Sermon, and it was here that the May 3rd Constitution (of 1791) was sworn in. The World War II is not forgotten here, however, a stark reminder being the presence of part of a tank-track incorporated into the Cathedral walls.

By the time the Uprising was over, there was little left of the Old Town. Indeed, about 90% of the old buildings lay in ruins. But Warsaw had to be built up from scratch, and some of what was old and familiar was raised up again from the ash and rubble along with the new, in a kind of Warsaw Sonata written again from the first line.

And that was a thing worth doing, indeed a thing essential to do: for the sake of Warsaw itself, and for future generations. All have now recognised this: in September 1980, Old-Town Warsaw – reconstruction as it may be – found a place for itself on the UNESCO list of World Heritage Sites.

Today's Warsaw is perhaps less about this district and its history, and more about business, high-rise and modern, big-city status. This was most likely inevitable, for where can a city head these days, if not for all that metropolitan hustle and bustle?

Kamienne Schodki – malowniczy zaułek Warszawy. Uliczka wzmiankowana była już w 1527 roku.

The Stone Steps *(Kamienne Schodki)* represent a picturesque-enough corner of Warsaw. This little street was first referred to in 1527.

Plac Zamkowy widziany z wieży kościoła św. Anny. Bodaj najbardziej rozpoznawalne miejsce Warszawy. Szczególnym elementem placu Zamkowego jest ufundowana przez Władysława IV kolumna Zygmunta III Wazy.

Castle Square as seen from the tower of St. Ann's Church. This is said to be the most recognisable view in Warsaw. Taking pride of place in the Square is King Zymunt III Waza's Column, which was funded by his successor to the throne of Poland, Władysław IV.

◀ Ulica Świętojańska, wytyczona jeszcze podczas lokacji miasta, niegdyś była najważniejszą ulicą Warszawy. Łączy Rynek Starego Miasta z Placem Zamkowym. Możemy tu podziwiać jedną z najstarszych świątyń Warszawy – Bazylikę Archikatedralną św. Jana.

Świętojańska Street was laid out at the time the town's rights were first conferred, and this was once Warsaw's most important thoroughfare.

Pokój Marmurowy na Zamku Królewskim. Ważnym elementem ideowym i artystycznym sali są portrety polskich władców: poczet królów umieszczono tu już za czasów Władysława IV. Nowy zbiór portretów królewskich namalował Marcello Bacciarelli za panowania Stanisława Augusta.

The Marble Room in the Royal Castle. An important conceptual and artistic element here is the portraiture of Polish rulers. Indeed, there were some likenesses of kings on show here by Władysław IV's (mid 17th-century) era. A new set of royal portraits was in turn generated by Marcello Bacciarelli, during the reign of last King of Poland, Stanisław August.

Nawet najpiękniejsze fotografie nie oddadzą uroku warszawskich staromiejskich kamieniczek. To miejsce ma swój styl i niepowtarzalny klimat.

Even the most beautiful photographs cannot really convey the charm of the tenement houses in Warsaw's Old Town. This area has a style and unique atmosphere all of its own.

Warszawska Syrenka jest godłem miasta: jej miecz i tarcza symbolizują dramatyczne losy stolicy, jej bohaterstwo i upór. W warszawskim herbie znalazła się już w 1390 roku, choć wówczas różniła się nieco wyglądem od dzisiejszej.

The Mermaid of Warsaw represents the city, her sword and shield encapsulating perfectly the capital's dramatic fate, its heroism and its resistance. The Warsaw coat of arms was including the mermaid by 1390, though the look was more than a little different from what we see now.

Kościół św. Anny, usytuowany przy Krakowskim Przedmieściu, w pobliżu warszawskich uczelni, jest centrum duszpasterstwa akademickiego. Świątynia powstała w XV stuleciu.

St. Anne's Church on Krakowskie Przedmieście Street is close to the University, and is thus an academic church. It dates back to the 15th century.

Wnętrze kościoła św. Anny zachwyca barokowym bogactwem. ▶ Uwagę przykuwają XVIII-wieczne freski oraz naścienne malowidła w kaplicy Władysława z Gielniowa.

The interiors of St. Anne's feature rich Baroque-style decor. Particularly noteworthy are the 18th-century frescoes, as well as the murals in the Władysław of Gielniów Chapel.

Krakowskie Przedmieście – jedna z najbardziej znanych ulic War- ▶▶ szawy. Część Traktu Królewskiego, dziś – wpisana na listę zabytków – stanowi turystyczną atrakcję stolicy.

Krakowskie Przedmieście is one of the capital's best-known streets. Full of attractive buildings, it forms part of the Royal Route leading from the Royal Castle to Wilanów.

◄ W pejzaż Krakowskiego Przedmieścia wrosły dwie białe wieże barokowego kościoła Świętego Krzyża. To ważne miejsce nie tylko dla samych warszawian, ale dla całej Polski. W tej świątyni spoczęło serce Fryderyka Chopina, tutaj przez trzy lata, przed przewiezieniem na Wawel, wystawiona była trumna z ciałem księcia Józefa Poniatowskiego.

Providing a well-known element of the Krakowskie Przedmieścia cityscape are the two white towers of the Baroque-style Holy Cross Church. This is an important place for Poles in general, not just Varsovians, since one of the walls provides the resting place for the heart of composer Frederick Chopin. It was also here that the coffin bearing Prince Józef Poniatowski was kept for three years, prior to its being transferred to the Wawel Cathedral in Kraków.

Pałac Prezydencki to najokazalszy klasycystyczny gmach Krakowskiego Przedmieścia. Zmieniał on nazwy w zależności od aktualnego właściciela. Był więc pałacem Radziwiłłów, Koniecpolskich, przez pewien czas nazywano go pałacem Namiestnikowskim. Od 1994 roku siedziba polskich prezydentów. Wiosną 2010 roku przed Pałacem Prezydenckim Polska odebrała kolejną lekcję patriotyzmu i solidarności. Po 10 kwietnia, dniu tragicznej śmierci pary prezydenckiej Lecha i Marii Kaczyńskich pod Smoleńskiem, przed największym z warszawskich pałaców zapłonęły tysiące zniczy.

This most impressive of Neo-Classical buildings along Krakowskie Przedmieścia Street has changed its name in line with its successive occupants. It was the Radziwiłł and then Koniecpolski Palace, before transforming into the Regent's Palace (in the era of Russian control over Warsaw). Since 1994, Poland's Presidents have been based here. In spring 2010, the area in front of the Presidential Palace witnessed a further demonstration of Polish patriotism and solidarity. For it was here that people gathered to honour the memory of the victims of the Smolensk air disaster, above all President Lech Kaczyński and his wife Maria.

◄ Wzorowany na świątyni Westy w Tivoli wodozbiór z ogrodu Saskiego, dzieło Henryka Marconiego, utrzymany jest w stylu klasycystycznym. Pięknie wkomponowany w otoczenie, wznosi się nad powierzchnią stawu z fontanną.

The Neo-Classical-style water collector in the park known as the Saxon Garden is modelled on the Temple of Vesta in Tivoli, and is by Henryk Marconi. Beautifully integrated with its surroundings, it rises above the surface of the pond with the fountain.

Pałac Ostrogskich. W pierwotnych zamierzeniach fundatora, Janusza Ostrogskiego, pałac miał pełnić funkcje obronne. Obecnie mieści się tu Muzeum Fryderyka Chopina, ale warto odwiedzić to miejsce również dla zupełnie pozamuzycznych powodów. Miłośnicy pięknych wnętrz i architektury z pewnością nie odejdą stąd zawiedzeni: pałac zachwyca bogatymi zdobieniami i freskami pompejańskimi. Ci, którzy wierzą, iż w legendach tkwi ziarno prawdy, mogą poszukać go w opowieści o złotej kaczce, która jest związana właśnie z tym miejscem Warszawy.

It was the original intention of the founder, Janusz Ostrogski, that this palace would assume a defensive role. Today it more peaceably houses the Frederick Chopin Museum, though even the non-musical may fancy paying a visit, since the interiors and architecture here are worth admiring. The Palace has a wealth of fine decoration plus Pompeian-style frescoes. Those maintaining that all legends have a core of truth may seek to prove this by reference to the Golden Duck (*Złota Kaczka*), uniquely associated ◄ with this place in Warsaw.

Filtry Lindleya, najstarsza część systemu wodociągów miejskich, ►► powstały w I poł. lat 80. XIX stulecia. Ten niezwykły zabytek architektury przemysłowej można zwiedzać w czasie dni otwartych. Szczególnie godne uwagi są żaglowe sklepienia w podziemnej części obiektu.

Lindley's Filters, the oldest part of Warsaw's system of water supply dating back to the 1880s. This exceptional element of industrial architecture is visitable on open days. The sail vaulting in the building's underground part is especially noteworthy.

◄ Faun pilnujący latarni – jedna z wielu rzeźb zdobiących Łazienki Królewskie.

A faun guarding a lantern – just one of the many items of sculpture adorning Royal Łazienki Park.

Pałac na Wyspie, letnia rezydencja Stanisława Augusta, wpisał się na karty historii nie tylko jako udana realizacja architektonicznego projektu Dominika Merliniego i Jana Christiana Kamsetzera, ale głównie dzięki pewnym cyklicznym spotkaniom, które odbywały się w pałacowej scenerii od roku 1770. Owe zainspirowane przez Stanisława Augusta spotkania, nazywane obiadami czwartkowymi, gromadziły artystów, intelektualistów i polityków, stając się z czasem formą kulturalnej instytucji.

The Palace on the Island was the summer residence for King Stanisław August. It finds a place in the history books, not only as a fine piece of architecture designed and built by Domenico Merlini and Jan Christian Kamsetzer, but also on account of its having been the venue for a series of palace meetings taking place from 1770 onwards. Inspired by the King himself, the said "Thursday Lunches" brought together artists, intellectuals and politicians of the day, and became something of a cultural institution in their own right.

Na początku był Milanów, który za panowania Jana III Sobieskiego, nazwany został Villa Nova, co z czasem zaczęto wymawiać jako Wilanów. Tutejszy pałac powstawał pod okiem Augustyna Locciego; początkowo skromny, w latach 1677–1696 został rozbudowany, skupiając w sobie cechy tradycyjnego dworu polskiej szlachty i francuskiego budownictwa pałacowego. We wnętrzach zachowały się oryginalne przedmioty z wyposażenia, pamiętającego jeszcze króla Jana III Sobieskiego i Marysieńkę. ►►

First there was Milanów, and then new owner King Jan III Sobieski opted to play about with that name and come up with *Villa Nova*, this in turn becoming re-polonised into *Wilanów*. The Palace here was erected under Augustyn Locci and was relatively modest at the outset. However, a makeover went ahead in the years 1677–1696, this bringing together features from the traditional Polish manor house and the French palace. The interiors here retain some of their original items, certain fixtures and fittings still recalling the presence of King Jan III Sobieski and his Queen, Marysieńka.

WROCŁAW

Wyspy piękna
Islands of beauty

Dwuprzęsłowy Most Tumski, wzniesiony w 1889 roku, łączy Ostrów Tumski z Wyspą Piasek. Charakterystyczny zielony most stanął w miejscu starej przeprawy, istniejącej już od XI wieku. W 1893 roku, przy wjeździe od strony wyspy, ustawiono rzeźby św. Jadwigi i św. Jana Chrzciciela.

The two-span Tumski Bridge, erected in 1889, links the Ostrów Tumski and Piasek ("Sand") Islands. The characteristic green bridge stands where the river has been crossed since the 11th century. In 1893, the way on to the bridge from the Piasek side gained sculptures of Saints Jadwiga and John the Baptist.

Płonie żółtym blaskiem katedra św. Jana Chrzciciela na Ostrowiu Tumskim, najstarszej części Wrocławia. Światła rozjaśniają wieczór. Złoto wchodzi w czerń wody, przecinając ją ostrymi krawędziami odblasków.

Katedra stanęła na miejscu dawnej kamiennej świątyni. Prace rozpoczęto w roku 1244, ale budowa przeciągnęła się aż po XV stulecie. Efektem była pierwsza w kraju budowla wzniesiona z cegieł. Historia nie była łaskawa dla wrocławskiego kościoła: dzisiejszy gmach jest czwartym z kolei wcieleniem tej pięknej świątyni. Niszczona i odbudowywana, dotrwała do XX stulecia, choć jej dawny gotyk zamazano późniejszymi dodatkami. Rok 1945 przyniósł bardzo poważne zniszczenia. Dogasająca wojna zbierała swoje żniwo. Katedra straciła dachy i hełmy, runęły sklepienia nawy głównej i prezbiterium.

A jednak świątynia podniosła się po raz kolejny. Cierpliwość ludzi, wytrwałość kamieni...

Do roku 1810 Ostrów Tumski podlegał prawu kościelnemu. Był odrębnym organizmem miejskim: miał własne szkoły, własne więzienie, własny szpital. Następny rok przyniósł kolejne nowości. W miejscu dawnego koryta rzeki i miejskich murów wyrósł Ogród Botaniczny. W 1824 roku połączono brzeg wyspy z brzegiem miasta, zasypując odnogę Odry przecinającą przykatedralny plac.

Po wyjściu z katedry warto skierować się do najstarszej zachowanej w pierwotnym kształcie wrocławskiej świątyni – kościoła św. Idziego. Zbudowany w I poł. XIII stulecia, nosi cechy stylu romańskiego. Niektórzy mówią, że jeśli przyłoży się ucho do łączącej kościół z gotyckim Domem Kapituły Kluszczanej Bramy, usłyszeć można legendę o słynnej klusce, uwiecznionej zresztą w kamieniu nad łukiem.

Błądzenie w labiryntach starych miast jest zawsze fascynujące. Wsłuchani w odgłos kroków, otwieranych okiennic i bram, zostajemy dopuszczeni do tajemnic budynków, otrzymujemy zapowiedź sekretów skrywanych przez stare schody. Nie umiemy ich być może do końca odczytać, ale potrafimy chłonąć stwarzaną przez mury atmosferę. Nie inaczej rzecz się ma z Wrocławiem.

Miasto nad Odrą uformowały trzy żywioły: niemiecki, czeski i polski. Ten splot jest niezwykle silny i niepodobna wyobrazić sobie Wrocławia bez któregokolwiek z nich. A jeśli doda się do tego jeszcze przyniesiony tu przez falę historii niedawnej Lwów, z jego charakterystycznym zaśpiewem, fantazją i kulturą, otrzymamy całość niezwykłą, fascynującą i piękną. Po II wojnie światowej Breslau zmienił się we Wrocław, a dawnych mieszkańców zastąpili nowi. To bodaj jedyny taki przypadek w dziejach powojennej Europy, gdy wymienieni zostali wszyscy mieszkańcy miasta.

Z I wojny światowej Wrocław wyszedł obronną ręką. Lata II wojny również oszczędzały miasto, dopóki nie nadszedł rok 1945. Zamieniony w twierdzę Wrocław przyjął uderzenie Armii Czerwonej. Festung Breslau broniła się przez 3 miesiące. Po kapitulacji, 6 maja, nadszedł czas szacowania strat.

Zniszczenia starówki były ogromne. Z ok. 30 tys. budynków, tworzących zabudowę Wrocławia, nietkniętych przez pociski i bomby pozostało zaledwie 9 tys.

Aflame with a yellow glow, as sunlight yet illuminates the evening, Wrocław's oldest part is in the vicinity of the Cathedral of St. John the Baptist on Ostrów Tumski Island (yes, Poznań does have an island by that name too). That gold merges with the black of the water, cutting into it with the sharp edges of reflections.

The Cathedral stands where a stone-built place of worship was once present. The work began in 1244, but dragged on into the 15th century, its overall effect being the country's first brick building. But history was not too kind to this great Wrocław church, and what we see today is the fourth incarnation of the Cathedral. Destroyed and then rebuilt, it made it through to the 20th century, if with its earlier Gothic style blurred by later additions. But 1945 brought very serious damage. A war coming to an end still had its last harvest to make. The Cathedral lost its main roof and tower helm-roofs, and the vaulting of the main nave and chancel fell.

But this place of worship rose up yet one more time. For people can be patient, and stones tough and durable... Up to 1810, Ostrów Tumski was subject to Ecclesiastical Law alone. This was therefore a separate urban organism, even possessing its own school, prison and hospital. There were further innovations after that, as the old river channel and remains of the town walls gained for themselves a Botanical Garden. An even more major, 1824, event was the linking of the island shore with that of the city, the effect being achieved by filling in the ramification of the River Oder that had once bisected the square before the Cathedral.

On leaving the Cathedral, one might head off to Wrocław's oldest church remaining in its original shape, i.e. that of St.Giles. It went up in the first half of the 13th century, and retains features of the Romanesque. Some say that, if one puts one's ear to the Kluszczana Gate linking the church with its Gothic-style Chapter House, one may hear told the legend of the famous *kluski śląskie* (the special Silesian-style dumplings this region is famous for), which are eternalised in the stone above the arch.

Getting just a little lost in the maze of Old Town streets here is a fascinating part of any visit. As we hear the reflected sounds of footsteps, and of opened windows or gates, the buildings let us into their secrets, and we learn whatever information it is that the old stairways have been keeping to themselves. Perhaps those secrets are only party comprehensible to us, but we may at least soak up the atmosphere the very walls exude.

Things cannot be otherwise in Wrocław. The city on the Oder (Odra in Polish) was shaped by elements German, Czech and Polish. It is this interweaving of cultures that has proven so strong here that it is hard to imagine the city without any one of them. Indeed, there is even a fourth to add, as it was to this place that the waves of history brought much of the song, imagination and culture of the old Polish Lwów (Lvov, or today's Ukrainian L'viv), doing yet more to make this a fascinating and beautiful place. Of course, Wrocław is a name that came into use after World War II, as before that this was – for a long time at least – Breslau. The change of name was accompanied by a change of inhabitants. The end of the War was dramatic everywhere, but this maybe the only case in which an entire city's population was simply replaced.

In fact, the First World War had spared Breslau, and the Second in essence too, until we got to 1945. Converted into a stronghold, the city took the full blow that the Red Army was able to deliver. *Festung Breslau* nevertheless resisted for 3 months, the full costs of that only being countable after the May 6th capitulation. In the Old Town area the devastation was great, and – from among some 30,000 buildings forming the then city – only 9000 were spared by the shells and bombs.

The city had been a fortress once before, when Frederick II

Miasto pełniło już raz w swojej historii funkcję twierdzy – Fryderyk II obwarował Wrocław, gdy ten dostał się pod jego panowanie. Na początku 1807 roku do miasta wkroczyli Francuzi; za czasów napoleońskich pozbyto się murów okalających miasto. Wrocław stracił umocnienia miejskie, ale zyskał dużo więcej: od tego czasu datuje się dynamiczny rozwój miasta. Stare zabudowania Wrocławia połączyły się z przedmieściami, które wyrosły poza murami obronnymi. Miasto wchłonęło przedmieścia Piaskowe, Odrzańskie, Świdnickie, Mikołajskie, Oławskie.

Główny Rynek Wrocławia wytyczono w 1242 roku. Zabrzęczały monety i ostrzone noże, zapachniało chlebem i topionym tłuszczem. W północnej części placu ulokowały się kramy, w których sprzedawano słodycze – pamięć o tym przetrwała do dziś w nazwie. Ta część Rynku nazywana jest bowiem Targiem Łakoci.

Centralne miejsce głównego wrocławskiego placu zajmuje Ratusz. Powstawał od końca XIII wieku, z biegiem lat zmieniając swój wygląd. Epoki dodawały coś od siebie, rzeźbił go czas i architektoniczne mody. Dziś w bryle budynku przeważa gotyk. W fasadę wtapia się zegar astronomiczny, którego złota wskazówka od 1580 roku dostojnie obiega krąg tarczy. Warto wiedzieć, że w podziemiach Ratusza znajduje się Piwnica Świdnicka, pełniąca od wieków rolę piwiarni i pretendująca do zaszczytnego miana najstarszej europejskiej restauracji. Aby jednak myśli nie pobiegły zbyt swawolną drogą ziemskich uciech, wystarczy jeden rzut oka przed gmach Starego Ratusza, gdzie stoi kamienny pręgierz.

Od Rynku wyprowadzono 11 uliczek. Jedną z nich, dziś główną ulicą Wrocławia, biegł trakt handlowy w kierunku Świdnicy. Dziś ulica Świdnicka, zamieniona w jednym ze swych odcinków w deptak, jest jedną z głównych ulic Wrocławia.

Z Rynkiem od południowego zachodu sąsiaduje Plac Solny. Nazwa upamiętnia dawne przeznaczenie jednego z trzech starych handlowych placów miasta. Powstał w 1242 roku, by handlujący solą mieli gdzie wystawiać swoje produkty. Dziś zupełnie zmienił się charakter tego miejsca: królują tu kwiaty, kwitnące niezależnie od pory roku.

Do Rynku przylega gotycki kościół św. Elżbiety, jeden z największych i jednocześnie najstarszych we Wrocławiu. Świątynię zaczęto wznosić w początkach XIV stulecia z fundacji Bolesława III. Wysoki na 130 m kościół jest jedną z wizytówek Wrocławia. Jego charakterystyczna wieża góruje nad miastem. W dole leniwie toczy swe wody Odra, od wieków zakreślająca swym biegiem kontury wysp piękna.

of Prussia enhanced the defences of what had come under his rule. The French nevertheless made it into the city in early 1807, and indeed the walls around it are a feature from Napoleonic times. If Wrocław then lost its earlier town fortifications, it gained a great deal more, since it was able to grow dynamically and uninhibitedly. The old Wrocław linked up with more suburban areas that had taken shape beyond the old ramparts. Ultimately, there was one city here, engulfing the formerly-distinct Piaskowe, Odrzańskie, Świdnickie, Mikołajskie and Oławskie districts.

The Main Market Square in Wrocław was laid out in 1242. Money was minted here, knives sharpened, and the whole was infused with the scents of bread and melted fat. The northern part of the Square also had stalls selling sweet foodstuffs, and it is in recognition of this that the area remains the Sweet or Candy Market (*Targ Łakoci*) to this day.

A central place in Wrocław's main square is taken by the Town Hall. It was built in the late 13th century, changing its appearance as time passed. Each era contributed something, time itself shaping it, as well as the latest fashions in architecture. Today, there seems to be more Gothic here than anything else. The façade has an astronomical clock, whose imposing gold hand does the rounds of the face reliably. It is worth knowing that the Świdnicka Cellar is in operation beneath the building, this beer-cellar seeking for itself the title of oldest restaurant in Europe. However, if one wants to prevent one's thoughts from going off on too frolicsome a flight of fancy, one only needs to cast an eye to the stone pillory in front of the Old Town Hall in order to "sober up" effectively.

Eleven "small" streets lead off the Market Square, notwithstanding the fact that one is today among Wrocław's main commercial thoroughfares, leading off in the direction of Świdnica (hence Świdnicka Street), and pedestrianised along much of its length.

Adjoining the Market Square to the south-west is another square called Plac Solny. The city of old in fact had three large open areas set aside for trade, and this one from 1242 offered a place for the sale of salt, as the name suggests (salt in Polish being *sól*). Today, in place of the white crystals, it is masses of flowers on sale that one will find here, no matter what the season.

Also by the Market Square is the Gothic-style Church of St. Elizabeth, one of Wrocław's largest and oldest. It started out in life in the early 14th century, having been funded by Duke Bolesław III. Rising to 130 m in height, this church with its genuinely towering tower is one of Wrocław's calling-cards. Beneath it, the Oder flows on peacefully, its ramified course now as in the past emphasising the contours of the beautiful islands that constitute Wrocław.

Most Pokutnic – najwyżej ulokowany most Wrocławia. Spina dwie wieże kościoła św. Marii Magdaleny. Wrocławska legenda powiada, że po zapadnięciu zmroku pojawiają się tu pokutujące dusze dziewcząt, których życie upłynęło na zabawach i miłostkach.

The Penintents' Bridge (*Most Pokutnic*) is the most elevated bridge in Wrocław, spanning the space between the two towers of St. Mary Magdalene's Church. Legend has it that, as dusk falls, there appear here the penitent spirits of girls who frittered away their lives on frivolity and affairs of the heart.

Wrocław – miasto 120 mostów, 12 wysp i licznych kanałów oraz odnóg Odry – jest królestwem wody i zieleni.

Wrocław is a city of 120 bridges, 12 islands and numerous canals and channels into which the River Odra has split. This is thus a realm of water and greenery.

◄ Obudowana kaplicami trójnawowa katedra św. Jana Chrzciciela – pierwsza w pełni realizująca założenia sztuki gotyckiej budowla na ziemiach polskich. Warto zwrócić uwagę na ołtarz główny z 1522 roku. W czasie II wojny światowej katedra uległa całkowitemu niemal zniszczeniu. W połowie XX stulecia cenny zabytek został odbudowany. Górujące nad okolicą wieże wznoszą się na wysokość blisko 100 m.

Built around with chapels, the three-nave Cathedral of St. John the Baptist was the first fully-implemented item of Gothic architecture anywhere in the Polish lands. The impressive Main Altar is from 1522. The Cathedral succumbed to almost total destruction during the World War II, hence the need to rebuild this priceless item of the city's heritage in the middle part of the 20th century. Dominating the entire area are a towers soaring nearly 100 m into the air.

Główne wejście do katedry św. Jana Chrzciciela znajduje się od strony zachodniej. Bogato zdobiony portal zapowiada atrakcje czekające na miłośnika sztuki wewnątrz świątyni.

The main entrance to the Cathedral of St. John the Baptist is via the west side. The much-decorated portal offers a foretaste of what the art-lover can expect to find inside.

◄ Późny gotyk wrocławskiego Ratusza doskonale wpasowuje się w klimat miasta. We wnętrzach zabytkowej budowli mieści się obecnie muzeum, warto zajrzeć również do piwnic, kryjących jedną z najstarszych restauracji w Europie.

The Late Gothic Wrocław Town Hall matches the overall atmosphere of the city perfectly. Inside there is now a museum, and it is also worth visiting the cellars, which house one of Europe's oldest restaurants.

Warto uważnie przyjrzeć się detalom wrocławskiego Ratusza. Szczególnie ciekawie prezentuje się kamieniarka o cechach późnego gotyku zdobiąca wykusze.

A close look should be taken at the architectural details of Wrocław's Town Hall. Especially interesting is the brick- and stonework with its Late Gothic features.

Wrocławski Rynek wytyczono na początku XIII wieku. Pochodząca ►► z różnych okresów zabudowa tworzy zadziwiająco spójną i urokliwą całość. Warto podkreślić, że wiele budynków zachowało najstarsze, gotyckie elementy. Dłużej należy zatrzymać się przy zachodniej pierzei, by obejrzeć kamienicę Pod Gryfami z charakterystycznym, wyciągniętym w górę szczytem i płaskorzeźbami lwów, gryfów i orłów. Ciekawie, w stylu późnego baroku, prezentuje się kamienica Pod Złotym Słońcem, przykuwająca uwagę swoim balkonowym portalem.

Wrocław's Market Square was laid out at the beginning of the 13th century. However, it is buildings from various different periods that come together here to create an amazingly cohesive and charming whole. It is worth emphasizing how many buildings here have nevertheless retained some elements from their original Gothic. The visitor should linger by the Square's western side, in order to get a proper look at the *Pod Gryfami* ("Sign of the Griffins") House with its characteristic tapering apex and bas-reliefs depicting lions, griffins and eagles. The *Pod Złotym Słońcem* ("Sign of the Golden Sun") House is in turn an interesting example of the Late Baroque, with its eyecatching balcony portal.

◄ Budynek uniwersytecki zaliczany jest do najciekawszych i najważniejszych zabytków Wrocławia. Nazywany perłą baroku, przyciąga nie tylko studentów, ale również miłośników architektury. Wystawiony dzięki fundacji Leopolda I Habsburga w 1702 roku, pierwotnie mieścił dwa wydziały Akademii Jezuickiej.

The University Building is among Wrocław's most interesting and important, and is dubbed a Pearl of the Baroque. It thus draws, not only students, but also lovers of architecture. The building was funded by Leopold I Habsburg in 1702, initially housing two Faculties of the Jesuit Academy.

Fasada Uniwersytetu Wrocławskiego jest najdłuższą barokową fasadą świata. Główne wejście do gmachu ma przepiękne zdobienia, które wyróżniają się na tle oszczędnej w wyrazie elewacji. Wzrok zatrzymuje się nad zawieszonym nad drzwiami balkonowym portykiem z alegoriami cnót kardynalnych.

The University of Wrocław boasts the world's longest Baroque façade. The building's main entrance has exquisite decoration that contrasts with the much more sparing elevation. However, the eye is also caught by the balcony porticoes above the doors with their allegories of the cardinal virtues.

Uniwersytecka Aula Leopoldina olśniewa swymi zdobieniami i barokowym przepychem. Po wejściu wzrok kieruje się na ogromny fresk Johanna Christopha Handkego wyobrażający apoteozę Bożej Mądrości. ►►

The *Aula Leopoldina* Hall at the University flaunts its highly-decorative Baroque extravagance. Passing the entrance, the visitor's gaze is directed automatically to the huge fresco by Johann Christoph Handke depicting the Apotheosis of Mary.

LUBLIN

Oczy Wzgórza
The eyes of the hill

Brama Krakowska prowadzi nas do centrum Starego Miasta. Pochodząca z XIV stulecia jest pozostałością dawnych umocnień Lublina. Wzniesiona pod dyktando gotyku, z czasem zmieniła swój wygląd – wiek XVIII przydał jej cech barokowych.

The Krakowska Gate takes us through into the Centre of the Old Town. Originating in the 14th century, this is what remains of the old fortifications of Lublin. First dictated by Gothic considerations, the building later changed its face, becoming Baroque in style in the 18th century.

Nie wiemy w istocie, co każe nam wracać do jednych miast, śnić o nich, pieszczotliwie wymawiać nazwę, delektując się ukrytymi jej znaczeniami, podczas gdy inne zostawiamy zamknięte, opieczętowane lakiem niepamięci. To znaczy: niby odpowiedź jest prosta, bo przecież wracamy dlatego, że spodobał nam się ten czy inny szczegół, bo zachwyciliśmy się widokiem jednego czy drugiego placu, wypalanego co wieczór innym ogniem zmierzchu. Więc, zwyczajnie, jedne miasta stają się nam dzięki swemu pięknu bliskie, drugie nie. A jednak to dość łatwe tłumaczenie nie rozwiązuje problemu. Coś w owych miejscach, do których skłonni jesteśmy wracać, wybija się ponad piękno dostrzegane okiem. Niektórzy nazywają to magią… Jednym z takich miast jest Lublin.

Lokowany był w 1317 roku na prawie magdeburskim, a od lat 40. XIV wieku rozpoczęła się budowa murów miejskich. W ramach realizacji tego projektu powstały dwie słynne lubelskie bramy: Krakowska i Grodzka.

W miejscu dzisiejszego Ratusza stały niegdyś zabudowania klasztoru Karmelitów Bosych. W 1803 roku budynki klasztorne strawił pożar – zabudowania, czy raczej to, co po nich ocalało, zostały przejęte przez miasto, które wybudowało tu po 25 latach siedzibę władz miejskich. Budynek ratusza został zniszczony w czasie II wojny światowej. Odbudowano go w latach powojennych.

Nie Ratusz jednak, lecz pobliska Brama Krakowska jest symbolem miasta. Stanowiący część umocnień XIV-wieczny zabytek zachował w swojej strukturze pamiątki po gotyku, stylu renesansowym, a także ślady barokowych popisów muratorów. W barokowej tonacji utrzymany jest również hełm wieńczący wieżę.

Pośrodku Rynku stoi gmach Trybunału Koronnego. Istniał już w XV stuleciu – w innej gotyckiej wówczas formie. Dawny budynek spłonął w czasie pożaru w 1575 roku. Zachowany do dziś klasycystyczny wystrój jest dziełem Dominika Merliniego.

Jeśli od Trybunału pójdziemy w prawo, dotrzemy do lubelskiej archikatedry. Świątynię wzniesiono w latach 1583–1605. Kościoła nie oszczędziły pożary; zmieniany pod wpływem kolejnych prądów w sztuce, otrzymał w połowie XVIII stulecia kształt barokowy.

Przez pewien czas kompleks zabudowań pozostawał w rękach armii carskiej – Kościół odzyskał świątynię na początku XIX wieku, kiedy powstała diecezja lubelska. Przebudowa, którą podjęto, gdy kościół został katedrą, przyniosła zmianę fasady na klasycystyczną. Jedną z ciekawostek lubelskiej katedry jest zakrystia, w której, dzięki specyficznie zaprojektowanemu sklepieniu, wyraźnie słychać nawet najcichszy szept.

Brama Grodzka stoi między dwoma lubelskimi wzgórzami: Staromiejskim i Zamkowym. Jej dzisiejszy wygląd nie przypomina tej dawnej, sprzed wieków. Początkowo Brama Grodzka była bowiem czworobokiem, zwieńczonym hełmem. Klasycystyczną formę nadała Bramie przebudowa przeprowadzona w XVIII stuleciu.

Na Wzgórzu Staromiejskim w latach 80. XIII wieku powstał gotycki kościół św. Michała – jego fundamenty zostały zrekonstruowane na Placu po

In the end we do not exactly known what it is that makes us want to return to certain towns or cities, even perhaps to dream of them, to say the name with some kind of special affection, to delectate in the hidden significance of them, when other urban centres sometimes remain closed to us, leaving us cold, not sticking in our memory. Of course, at a certain level the answer is easy enough: we go back because some little detail or other has pleased us, or perhaps because the view of one square or another illuminated by the sunset was so very fetching. And perhaps that is all there is to it – a more or less chance encapsulation of beauty that enthused us. But, somewhere down the line, that explanation is just a bit too easy, too obvious. When all is said and done, those places we are wont to come back to seem to offer a feast for more than just our eyes. It is what some would call magic, or at least a very special, all-pervading charm…

And a place that seems to have this in abundance is Lublin.

Founded in legal terms in 1317 (in line with Magdeburg rights), this town began work on its defensive walls and ramparts in the 1340s. Thanks to that, Lublin's two famous (Krakowska and Grodzka, i.e. Kraków and Town) Gates came into existence.

Where today's Town Hall stands there was once a monastery complex for the Discalced (i.e. Barefoot/Sandal-Wearing) Carmelites. However, a fire swept through this in 1803, and what was left was then taken on by the town, which put in the HQ for its authorities there after 25 years. Alas, that building too would succumb to destruction, in this case during World War II, only to be rebuilt post-1945.

But the aforesaid Kraków Gate is even more of a symbol of today's city of Lublin than is the Town Hall. Part of those 14th-century fortifications, this object still bears recollections of its Gothic heritage, as well as the later Renaissance and Baroque styles. The roof atop the tower has also been maintained in rather Baroque form.

On the Market Square we find the Crown Tribunal building, which has been existence since the 15th century, though back then it was also in a different (Gothic) form. The old building was consumed by flames in the course of a town fire of 1575, and the Neo-Classical décor that has come through to the present day is the work of Domenico Merlini.

If we go to the right from the Tribunal we reach Lublin Cathedral, which was raised in the period 1583–1605. Fires did not spare this building either, and nor did it avoid makeovers – assuming a Baroque shape in the mid 18th century. There was a period during which the Cathedral complex was in the hands of the Tsar's Armies, the Church only regaining its place of worship at the beginning of the 19th century, at which time the Lublin Diocese also came into being. The remodelling work associated with the rise in status from church to Cathedral also involved a change of façade in the direction of the Neo-Classical.

One of the curiosities of Lublin Cathedral is its sacristy, the vaulting of which is such as to allow even the quietest whisper to be heard.

The Grodzka (Town) Gate stands between two Lublin "Heights" known by the names Staromiejski (Old Town) and Zamkowy (Castle). Its appearance today does not reflect that of old, for at the outset, this Gate was topped off by a four-sided helm roof. The Neo-Classical form was in fact conferred upon the Gate by remodelling work done in the 18th century.

The Old Town Heights gained – in the 1280s – the Gothic-style building of St. Michael's Church, whose foundations were reconstructed on the Square in front of the parish church.

The Heights on which today's Castle stands were long the perfect place at which to mount an effective defence against incomers. The founders of the first seat, which was in existence by the 6th century, appreciated that fact all too well.

Farze. Wzgórze, na którym stoi dzisiejszy zamek, było znakomitym miejscem na założenie osady: otoczone rozlewiskami pozwalało na skuteczną obronę przed najeźdźcami. Docenili to założyciele pierwszej siedziby, która powstała tu już w VI wieku.

Za rządów Kazimierza Sprawiedliwego rozpoczęto budowę grodu, który opasano wałem, usypanym z ziemi i wzmocnionym drewnianymi palami. W I połowie XIII wieku na wzgórzu od strony południowej wystawiono murowaną wieżę. Jej charakter był dwojaki: grubość murów i masywność budowli pozwalała na pełnienie funkcji obronnej, ale należy pamiętać, że wieża była jednocześnie rezydencją.

W I połowie XIV stulecia powstał zamek utrzymany w stylu gotyckim, efekt starań Kazimierza Wielkiego. Przypuszcza się, że w tym czasie wystawiono również świątynię, która pełniła rolę kaplicy przeznaczonej dla króla i dworu. Dzięki fundacji Władysława Jagiełły ściany i sklepienia kaplicy Św. Trójcy pokryte zostały freskami. Odczytać można datę zakończenia prac: 10 VIII 1418... Utrzymane w stylu rusko-bizantyjskim malowidła zachowały się do dzisiaj – są wybitnym dziełem wschodniej odmiany malarstwa naściennego. Rok 1520 przyniósł dla Wzgórza wielkie zmiany. Zygmunt Stary rozpoczął przebudowę zamku. Pod okiem Włochów powstała imponująca rezydencja utrzymana w stylu renesansowym. Lubelski zamek był świadkiem wielkich wydarzeń. Właśnie tutaj, podczas obrad sejmu, w roku 1569 zawarto Unię polsko-litewską, nazywaną także Unią Lubelską, która powoływała do życia Rzeczpospolitą Obojga Narodów. Upadek historycznej budowli przypieczętowały XVII-wieczne wojny. Ze zniszczeń ocalały tylko wieża i zamkowa kaplica. W latach 1824–1826 na lubelskim Wzgórzu wystawiono neogotycki gmach przeznaczony na więzienie. Zmieniali się rządzący, historia kruszyła kolejne epoki, ale lubelskie więzienie wciąż trwało, przyjmując w swoje mury kolejnych, za inne tylko sprawy osadzanych więźniów. Zabudowania Wzgórza przestały pełnić tę funkcję dopiero w 1954 roku.

W Lublinie Wschód przegląda się w lustrze Zachodu. Splatają się wpływy, przenikają kultury. Jest o czym myśleć, siedząc na zamkowych schodach i wpatrując się w jasną fasadę budowli, która – nie możemy oprzeć się temu wrażeniu – spogląda na nas pięknymi, choć nieco smutnymi oczami, wtopionych w okręgi okien.

In turn, during Kazimierz the Just's (12th-century) reign, work began on building a defensive settlement here, this being erected on an earth mound and being strengthened by wooden piling.

In the first half of the 13th century, a stone tower rose up above the Heights, on their south side. This in fact served a dual purpose: while its walls were thick enough and it itself was massive enough to make a purely defensive function possible, the tower did in fact double as a residence. In the first half of the 14th century, a castle maintained in the Gothic style was what emerged from the structure, this being the result of efforts made by King Kazimierz the Great. It can be presumed that a place of worship was also built at this time, its function being to operate as a dedicated chapel for the King and Court. Thanks to a foundation by Władysław Jagiełło, the walls and vaulting of the Holy Trinity Chapel became covered in frescoes. The date the work was completed can be made out still, being set at August 10th 1418... Wall paintings done in Russo-Byzantine style have made it through to the present day, and represent an outstanding work of the eastern variant to wall painting.

The year 1520 ushered in further major change up on the Heights, as Zygmunt the Old set out to remodel the castle. Under the watchful eyes of Italians, there arose an impressive residence maintained in the Renaissance style. Lublin's castle bore witness to many great events. It was right here that, during a convening of the Sejm in 1569, the Polish-Lithuanian Union was concluded (in the sense of entered into), hence the alternative name of Lublin Union. This in turn called into being the so-called Commonwealth of the Two Nations.

However, the fate of the historic building was sealed by the 17th-century wars, the only elements to emerge intact from all the destruction being the tower and the castle chapel.

The Lublin Heights area saw a Neo-Gothic building installed in the years 1824–1826 with a view to its serving as a prison. Those in charge may have changed, successive stages in history may have rolled along, but the Lublin jail lived on, and continued to accept prisoners within its walls, the only difference being the nature of what these inmates were charged with. The buildings on the Heights only ceased to serve such functions in 1954.

In Lublin, the East takes a look at itself in the mirror of the West. Influences become interwoven here, cultures mix. If we just think about it, as we sit on the castle steps and look up at the façade of the building, we cannot help but think that it is looking back out on us with beautiful, if somewhat sad, eyes set deep in window circles.

W kamienicy Konopniców w 1835 roku przyszedł na świat wirtuoz skrzypiec Henryk Wieniawski. Budynek jest bogato zdobiony, warto zwrócić uwagę na kamienne obramowania okien. Co ciekawe, kamienicę ozdabiają motywy włoskie i niderlandzkie – rzecz praktycznie w Lublinie niespotykana.

It was in the Konopnica House that world-famous violin virtuoso Henryk Wieniawski came into the world in 1835. The building is richly decorated, and it is worth admiring the stonework around the windows. The Italian and Dutch motifs are interesting, since they are virtually impossible to come across anywhere else in Lublin.

Lubelskie Stare Miasto to – obok Krakowa – jedyny w Polsce ▸▸ obiekt staromiejski, który dotrwał do naszych czasów w tak znakomitym stanie.

Lublin's Old Town is the only one apart from Kraków to have come through to our times in such a fine state of preservation.

◄ Z wieży Trynitarskiej na Stare Miasto rozciąga się wspaniały widok. Na zdjęciu widoczny fragment Bramy Krakowskiej i klasycystycznego lubelskiego Ratusza.

An excellent view of the Old Town is to be had from the Trinitarian Tower. The part of that panorama shown here features the Krakowska Gate and the Neo-Classical Lublin Town Hall.

Lubelski klikon, czyli ten, który donośnym głosem obwieszcza postanowienia miejskich rajców. Lublin jest jedynym polskim miastem, utrzymującym miejskiego krzykacza. Siła głosu klikona z Lublina wynosi ponad 80 decybeli.

The Lublin Town Crier, i.e. the person whose impressive voice announces the latest decisions of the Council. Lublin is the only city in Poland to retain a Town Crier, and the voice of the present holder of the post can exceed 80 decibels!

Dziedziniec Zamku. Widok na wieżę zamkową – jedną z najstarszych budowli Lubelszczyzny. Zbudowana jeszcze w XIII wieku, pełniła funkcję obronno-mieszkalną. Za wieżą budynek kaplicy św. Trójcy.

The Castle Courtyard and the view it affords of the tower – one of the Lublin region's oldest buildings. It in fact goes back to the 13th century, and from the outset served both defensive and residential functions. To be seen beyond the tower is the Holy Trinity Chapel.

Kaplica Świętej Trójcy wzmiankowana był już w roku 1326. Przez pewien czas pełniła funkcję świątyni, przeznaczonej dla króla i królewskiego dworu. Lubelski zabytek jest bez wątpienia jedną z najważniejszych pozostałości budownictwa średniowiecznego na ziemiach polskich. Niezwykle cennym zabytkiem kaplicy jest polichromia ścian i sklepienia. Freski utrzymane w stylu rusko-bizantyjskim pochodzą z początku XV wieku.

The Chapel of the Holy Trinity was being referred to as early as in 1326. For a while it served the King and his Court specifically. Today, this Lublin building must be regarded as one of the most important surviving items of Mediaeval architecture anywhere in the Polish lands. A particularly significant feature of the Chapel is its wall polychromy and its vaulting. The Ruthenian-Byzantine frescoes here originate from the early 15th century.

Przypuszcza się, że zabudowa Wzgórza Zamkowego nastąpiła już za czasów Bolesława Chrobrego – stanęła tu drewniana najpewniej budowla, pełniąca rolę strażnicy. W XII stuleciu jej miejsce zajął gród kasztelana. W I poł. XIII wieku wybudowano murowaną wieżę, łączącą funkcję obronną i reprezentacyjną. Utrzymany w stylu romańskim donżon przetrwał do czasów dzisiejszych. Główny zamek powstał za czasów Kazimierza Wielkiego.

It is thought likely that construction on the Castle Mound first took place under Bolesław the Brave (reigning 992-1025), most likely in the form of a wooden guardhouse. A full-scale castellan's defensive settlement took the place of that in the 12th century, while the first half of the 13th saw a stone-built tower serving defensive and representative functions put in place. The *donjon* has come through to the present day in Romanesque form, while the main castle is from the (14th-century) era of King Kazimierz the Great.

Ulica Kołłątaja, ścisłe centrum. Gmach, w którym obecnie mieści się lubelski Grand Hotel, wzniesiony został w roku 1900. Przeznaczony dla Kasy Przemysłowców Lubelskich, wybudowany był w stylu eklektycznym – odnaleźć tu można ślady architektury renesansu, wpływy klasycyzmu i baroku.

Kołłątaja Street is at the very centre of everything. The building now housing Lublin's Grand Hotel was erected in 1900. Designated for Lublin industrialists, it is Eclectic in style, with traces of Renaissance architecture to be found here, as well as influences due to Neo-Classicism and Baroque.

◄ Lublin jest pełen poezji. Jego malownicze zaułki mają w sobie niepowtarzalną magię i potrafią oczarować każdego zwiedzającego. Na zdjęciu fragment ul. Jezuickiej.

Lublin is full of its own poetry. It has picturesque nooks and crannies that prove magical to the visitor. Here part of Jezuicka Street.

Grodzka jest reprezentacyjną uliczką starego Lublina. Ma też swoje miejsce w historii literatury. Tutaj urodził się Wincenty Pol, w tym miejscu mieszkał Józef Ignacy Kraszewski.

Grodzka Street is the most characteristic street in old Lublin. It takes its place in the history of literature, since it was along it that Wincenty Pol was born and Józef Ignacy Kraszewski resided.

GDAŃSK

Bramy morza
Gateway to the sea

Gdańska Archikatedralna Bazylika Mariacka jest największą ceglaną świątynią europejskiego gotyku. Jej budowa rozpoczęła się w 1343 roku – stanęła na miejscu, gdzie wcześniej wznosił się drewniany kościół. Bazylika powstawała etapami przez ponad 150 lat. Budowę zakończono ostatecznie w 1502 roku.

St. Mary's Arch-Cathedral Basilica in Gdańsk is the largest example of the European Gothic in architecture. Work on it began in 1343, on the site of an already-existing wooden place of worship. The building was achieved in stages over more than 150 years, only being finally finished in 1502.

Motława przekrada się ku morzu, łącząc swe wody z Martwą Wisłą; obmywa podnóża domów, wygładza kamienie nabrzeża. Żuraw zastyga na tle błękitu, wychylony nad koryto rzeki. Jego charakterystyczna sylwetka towarzyszy nam zawsze, gdy myślimy o Gdańsku. To jeden z tych budynków-symboli, które nieodłącznie związane ze swym miejscem, stają się jego emblematem.

Morze wpływa na ludzi, wpływa także na architekturę. Zwrócony, zanurzony w morzu Gdańsk czerpie zeń pełnymi garściami. Oparty o morze, potrafił dzięki niemu budować swoją zamożność, a także kształtować swoje piękno.

Niegdyś Brama Wyżynna stała na straży miasta, pilnując bezpieczeństwa od strony zachodniej. Wzniesiona została w latach 1571–1576. Zdobią ją trzy herby: w centralnym miejscu widoczny jest herb Polski, po bokach umieszczono herby Gdańska i Prus Królewskich. W czasach, gdy Brama pełniła funkcje obronne, do głównego wejścia prowadził most, a po bokach położone były kładki dla pieszych przerzucane nad fosą. Pierwotnie budynek bramy, będąc częścią fortyfikacji, nie posiadał zbędnych dla swojego charakteru ozdób. Dziś budowla robi zapewne większe wrażenie niż przed wiekami: możemy ją oglądać w o wiele wspanialszej postaci, ze zdobną fasadą.

Późniejsza o kilkadziesiąt lat Złota Brama miała zupełnie inne przeznaczenie niż Brama Wyżynna. Wystawiono ją w latach 1612–1614. To świadectwo dostatku i potęgi Gdańska wyszło spod ręki Abrahama van den Blocka; budowniczym został Jan Strakowski.

Złota Brama wprowadza nas na ulicę Długą, która wiedzie do serca Głównego Miasta. Gotycki Ratusz wznosi się u zbiegu ulicy Długiej i Długiego Targu. Na przestrzeni wieków był wiele razy przebudowywany. Historia Ratusza zaczyna się jeszcze w wieku XIV. Za datę powstania można przyjąć rok 1336, kiedy to zakończono prace przy budowie jednopiętrowego obiektu mającego służyć władzom miejskim. Z czasem budowlę pociągnięto w górę, a w latach 1486–1492 wymurowano wysoką, mającą osiem kondygnacji, wieżę. Nakrywa ją hełm ozdobiony rzeźbą przedstawiającą króla Zygmunta Augusta. Uwagę przykuwają schody wejściowe zaprojektowane przez Daniela Eggerta – dzieło powstałe w latach 1766–1768. Wchodzimy, prowadzeni przez ciekawość. Drewniane, kręte schody Sieni Głównej wiodą nas na pierwsze piętro. Właśnie na tym poziomie mieści się chluba wnętrz Ratusza – Sala Czerwona.

Długi Targ zamyka Brama Zielona. Twórcami wniesionej w latach 1564–1568 i utrzymanej w stylu renesansu niderlandzkiego budowli są Regnier z Amsterdamu i Hans Kramer z Drezna. Oryginalny projekt zakładał istnienie trzech przejść; czwarte pojawiło się dopiero w latach 80. XIX wieku.

Ciemna cegła Bramy Szerokiej, która obejmuje zabudowania dźwigu, przechwytuje słoneczne światło, tak, jakby – z powodzeniem! – chciała zabrać go ścianom Żurawia. Być może Brama i Żuraw są rówieśnikami. Wiemy, że Brama stała już w roku 1363; mniej więcej z tego samego czasu pochodzi pierwsza krótka notka o istnieniu w Gdańsku dźwigu. Z pewnością nie był taki jak ten, który wpi-

The Motława waterway steals through towards the sea, linking up with the so-called Martwa (or "Dead") Vistula; washing by the foot of houses, it also smoothes off the shoreline stones. A great Crane (Żuraw) stands stock still against the blue, inclined over the river channel. Its characteristic outline is with us whenever we think of Gdańsk, this being one of those building-symbols irrevocably associated with a given place, and coming to serve as its emblem.

The sea influences people, but it also affects architecture. Turning towards the sea, and immersed in it, Gdańsk has drawn whatever it can from its waters. With so much of its activity of a more or less maritime nature, Gdańsk has had its chance to both build wealth and create beauty.

The Wyżynna ("Upland") Gate once kept guard over the city, securing it from the western side. Erected in the years 1571–1576, it bears three coats of arms. The central one is that of Poland, while on either side we find the emblems of Gdańsk itself and Royal Prussia. In the days when this Gate served a fully defensive function, the main entrance was approached via a bridge, while at the sides, boards were laid down to allow those on foot to cross the moat. The first gate structure, being part of the overall fortifications, had no redundant decorative elements, so today's version is doubtless more impressive than that from centuries ago, and we may thus look upon its decorative façade with pleasure.

Several decades later the Złota (Golden) Gate went up, if with an entirely different purpose in mind. The dates in this case were 1612–1614, and the job here was to convince all-comers that this was a powerful city that was not going short of anything. The achievement of those aims turned out to be a matter for architect Abraham van den Blocke, while the builder was Jan Strakowski.

The Golden Gate leads us through into Długa (i.e. "Long") Street, which passes on to the heart of the Main Town. The Gothic-style Town Hall rises up where Długa Street comes together with the street known as Długi Targ (the Long Market). It was redeveloped or built on to numerous times, having made its debut in the 14th century. We may accept a founding date of 1336, this being the year in which an end was put to work on building a single-storey structure meeting the needs of the city authorities. As time passed further storeys were added on, with the years 1486–1492 seeing a tall (eight-floor) tower rise up there. This is topped off by a helm roof with a sculpture featuring King of Poland Zygmunt August. The attention is drawn to the entry steps designed by Daniel Eggert and made a reality in the years 1766–1768. We mount those steps, somehow driven on by our curiosity. The spiralling wooden stairway of the Main Entrance Hall then takes us up on to the first floor, and it is there that we see the pride and joy of the Tower interiors, the Red Room.

The Long Market is closed off by the Zielona ("Green") Gate. The creators of this structure from the years 1564-1568 (which has managed to live on in Dutch Renaissance style) are Regnier of Amsterdam and Hans Kramer from Dresden. The original design foresaw three ways through, but a fourth in fact came into existence in the 1880s.

The dark-brick Szeroka ("Broad") Gate, which includes the placement for a crane, captures the sunlight (successfully) in such a way that the lifting gear is encompassed, intercepting the sunlight as if it was (successfully!) seeking to gather it up and take it off to the walls of the Crane. It may be that the Gate and the Crane are somehow peers. We know that the former was already in place by 1363, and it was more or less at the same time that the first short reference to the existence of a Crane in Gdańsk was made. Certainly that was not like the one now inscribed in our 20th-century memories, for the current Crane began to look more or less as it does now from 1442-1444.

sał się w naszą XX-wieczną pamięć. Obecny wygląd Żuraw otrzymał w latach 1442–1444. Nie dotrwał w swej pierwotnej postaci do naszych czasów. W ostatnim roku II wojny światowej strawił go, niemal doszczętnie, pożar. Odbudowany, na powrót zajął należne sobie miejsce. Żuraw służył nie tylko do transportu towarów na pokłady statków (na wysokość 22 m mógł podnieść nawet 4 tony!) – dzięki niemu stawiano również maszty. Wewnątrz żurawia pracowały dwa bębny o średnicy 6 m, napędzane siłą ludzkich nóg. Ci wszyscy Jonasze w brzuchu gdańskiego wieloryba stopa za stopą, mozolnie, wznosili potęgę miasta.

Gdańsk był portem wolnym, a wolność tę można rozumieć na różne sposoby. Wielokrotnie manifestował swoją dumę i niezależność. Dwa razy w historii formalnie otrzymywał status wolnego miasta – po pokoju w Tylży (1807 r.) i w roku 1920. Pierwsze Wolne Miasto przetrwało siedem lat, praktycznie kończąc swój żywot w momencie wywieszenia białej flagi przez francuską załogę, która poddała Gdańsk w pierwszych dniach stycznia 1814 roku. Ogłoszenie upadku na Kongresie Wiedeńskim w roku następnym było tylko opóźnioną formalnością. Finał drugiej odsłony Wolnego Miasta nastąpił z chwilą rozpoczęcia II wojny światowej.

Gdańsk przynależy do Północy; będąc miastem hanzeatyckim, wpisywał się w bogatą kulturę Lubeki, Bremy, Królewca, Rygi. Na ulicach Gdańska widać było zamożność; XVII wiek ozłacał miasto nad Motławą.

Na bruk ulicy Mariackiej z obu strony wylewają się przedproża. Ulica poświęcona Marii Pannie (Frauengasse) była miejscem zamieszkania zamożnych kupców, którzy prócz tego, że chcieli mieć, chcieli również być – zamawiane przez nich zdobienia domów były najwyższej próby sztuką. Schodów prowadzących do kamienic strzegą smocze czy lwie głowy, gotowe wypluć nadmiar wody (słodkiej!) spływającej na gdańskie ulice i dachy z nieba – tego drugiego morza, podtrzymywanego u kresu horyzontu przez fale. Nie ustrzegły wszelako domów od wojennego zniszczenia. Ulica wytyczona jeszcze w I poł. wieku XIV została zrujnowana przy końcu II wojny światowej.

Kościół Wniebowzięcia Najświętszej Marii Panny, czyli gdańską Bazylikę Mariacką wznoszono z przerwami ponad 150 lat. Początki budowy przypadają na rok 1343, ale tradycja mówi, że już sto lat wcześniej stał tu drewniany kościółek, ufundowany przez księcia Świętopełka II. Gotyckie mury „Korony Gdańska" skrywają prawdziwe skarby: we wnętrzu znaleźć można perły sztuki twórców średniowiecznych, a także te powstałe pod wpływem prądów barokowych. Bazylika, długa na ponad 105 m, wspina się w niebo 78 m wieżą (jeśli nie liczyć dachu). Czuwa nad Gdańskiem w dzień i w nocy, spoglądając z wysokości na rysunek domów.

Kuliste lampy nabrzeża wydłużają się w wodach rzeki niby ogniste słupy wbijane w dno. Miasto odkrywa swoją drugą twarz, samo pozwalając sobie na spoczynek. Nie śpi tylko morze: niestrudzone, zawsze niepokojące. Morze wpływa na słowa. I na sny. I w tym jest ta, jak to określił Rafael Alberti, „słodycz niepojęta słonej wody".

It did not come through to the present day in its original form. In the last year of World War II it was largely consumed by fire. Reconstructed, it took back the spot that was due to it. The Crane served, not only in the transfer of goods on to ships (4 tonnes might be lifted up to 22 m), but also the installing of masts. Within the Crane building two great drums of 6 m diameter were operated by the power of human legs. All those Jonahs in the belly of the Gdańsk whale were responsible for the step-by-step elevation of that city's prestige, if an arduous way.

Gdańsk was a free port, that freedom being interpretable in various ways. Many times it showed itself in pride and independence. Twice in history it was Free City status that was enjoyed from the formal point of view – once after the Peace of Tilsit (1807) and once in 1920. The first Free City survived for seven years, its life practically coming to an end with the raising of the white flag by a French crew who gave Gdańsk up in the first days of January 1814. The announcement of its end at the Congress of Vienna the following year was merely a delayed formality. The finale for the second appearance of the Free City in turn came along with the onset of World War II. Gdańsk has northern affinities, being one of the Hanseatic towns of old, and hence sharing a history with places like Lubeck, Bremen, Kaliningrad (as we now know it) and Riga. The wealth was not difficult to discern, even on the street, and indeed the 17th century can be considered to have added a touch of gold to the city on the Motława.

From the pavements in Mariacka Street there rise up on both sides the entrance steps and porches spilling out from houses. The street devoted to the Virgin Mary (Frauengasse) was the place of residence of rich merchants, who not only wanted to have, but also wanted to be – their having ordered for their homes décor and fittings displaying the highest levels of artistry. Those steps up to the houses are guarded by dragons or lions' head, these ever-ready to spit excesses of (fresh!) water flowing down on to the Gdańsk streets and roofs from the heavens, that second sea kept at the very limits of the horizon by the waves. Alas, they did not guard any of the homes back then from wartime destruction. The street was laid out as early as in the first half of the 14th century, but was lying in ruins by the end of World War II.

The Church of the Assumption of the Blessed Virgin Mary, i.e. St. Mary's Basilica in Gdańsk, took almost 160 years to build, albeit with some break in construction. The beginnings of this stretch back to 1343, though tradition has it that there was a wooden church here funded by Duke Świętopełk II even a century earlier. The Gothic walls of this "Crown of Gdańsk" hide genuine treasures: within it we may find pearls of art from their Mediaeval creators, though these too arose under the influence of Baroque currents. The Basilica, which is more than 105 m long, sends a tower soaring off into the heavens to a height of 78 m (not counting the roof). This stands watch over Gdańsk, day and night, looking out from on high on the outlines of all those homes.

The spherical shoreline lamps extend out beyond themselves into the river waters like fiery pillars shoved into the bottom. The city uncovers its other face, allowing itself a rest at last. The only thing that never sleeps is the sea, being indefatigable, but also forever disquieting. The sea influences our words, and our dreams. And in it there is what Rafael Alberti described as "unimaginable sweetness from brine".

Jeszcze do początków XIX wieku kamienica przylegająca do Dworu Artusa była siedzibą ławników – pamięć o tym przetrwała w nazwie Nowy Dom Ławy. Przez Dwór Artusa wchodzi się do dużej sieni – jej spora przestrzeń znakomicie służy prezentowaniu ekspozycji muzealnych. Po zwiedzeniu wnętrza warto poczekać na godz. 13.00 (w sezonie turystycznym pokaz odbywa się również o 15.00 i 17.00), by w okienku na poddaszu zobaczyć panienkę w XVII-wiecznym stroju, następczynię Hedwigi z powieści Deotymy „Panienka z okienka" – najpopularniejszego utworu o tematyce gdańskiej.

Up until the early 19th century, the house adjacent to the Artus House was the seat of the Gdańsk Bench, hence the name *Nowy Dom Ławy*. Via the Artus House one enters a large hall area that is now devoted to museum exhibits. After looking around the interiors, the visitor should wait until 13.00 (also 15.00 and 17.00 in the main tourist season), in order to catch sight at the attic window of a young lady in 17th-century attire, who serves as the successor to Hedwiga from Deotyma's novel *Panienka z okienka* ("The Lady from the Window") – the most popular historical work to feature Gdańsk.

Wychylający się nad lustro Motławy gdański Żuraw – najstarszy ▶▶ zachowany europejski dźwig portowy. Na nim skupia się uwaga każdego patrzącego na Długie Pobrzeże.

Leaning out over the waters of the Motława is the Gdańsk *Żuraw* – Europe's oldest surviving port crane. It catches the attention of all who walk along the Long Quayside (*Długie Pobrzeże*).

◄ Neptun – bóg morza pojawił się w Gdańsku za sprawą Abrahama van den Blocka, projektanta fontanny. Odlany w 1615 roku posąg, zaprojektowany przez Gerdta Benningka, stał się symbolem nadmorskiego miasta.

Neptune – the God of the Sea – made his appearance in Gdańsk thanks to Abraham van den Blocke, the fountain designer. The likeness was cast in 1615, and has since come to symbolise this coastal city.

Długi Targ, ulica-wizytówka Gdańska, przecina środek Głównego Miasta, tworząc z ul. Długą tzw. Drogę Królewską. Najstarsze kamienice mają pochodzenie jeszcze średniowieczne. Na Długim Targu zobaczyć można najlepsze przykłady architektury gdańskiej. Fasady kamienic są wąskie z charakterystycznym szczytem. Przy okazji spaceru warto zaplanować wizytę w Muzeum Domu Mieszczańskiego, mieszczącym się w Domu Uphagena przy ul. Długiej 12.

Długi Targ (the Long Market), is a kind of calling-card thoroughfare for Gdańsk. It passes through the heart of the Main Town, combining with Długa Street to form the so-called Royal Way. The oldest tenement houses here date back to the Middle Ages, and indeed the Long Market offers some of the best examples of Gdańsk architecture. The façades are narrow, the apices characteristic. Those taking a walk here should aim to drop in to the Merchant's House Museum within the Uphagen House at number 12.

Wielka Sala Rady, zwana Salą Czerwoną, najpiękniejsze wnętrze w Ratuszu Głównego Miasta. Kominek z herbem Gdańska, znajdujący się przy wejściu, pochodzi z 1593 roku. Przy trzech ścianach sali stoją ławy rajców miejskich, nad którymi zawieszono obrazy Hansa Vredemana de Vries z końca XVI wieku przedstawiające alegorie cnót obywatelskich. Uwagę przykuwa strop pomieszczenia, ozdobiony 25 obrazami o tematyce biblijnej i mitologicznej. Ich twórcą jest Izaak van den Blocke. Dzieła powstały w latach 1606–1608.

The Red Room is the most beautiful of the interiors in the Main Town's Town Hall. The fireplace near the entrance featuring the emblem of Gdańsk dates back to 1593. The benches formerly occupied by councillors line three walls of the Red Room. Above them hang late 16th century pictures by Hans Vredeman de Vries, presenting allegories of the civic virtues. The attention is also drawn to the ceiling, adorned as it is by 25 paintings of themes both biblical and mythological created by Izaak van den Blocke in the period 1606–1608.

Pejzaż Gdańska z wieżą ratuszową. Na wieży znajduje się znakomity, umieszczony na wysokości ok. 50 m, punkt widokowy. Wieża pełni też inną, zaszczytną funkcję: tutaj zainstalowany jest jeden z czterech w Polsce carillonów koncertowych.

The Gdańsk cityscape featuring the Town Hall tower. There is a fine viewing point here, 50 m up above street level. The tower also contains one of only 4 concert carillons of bells to be found anywhere in Poland.

Brama Zielona w Gdańsku – wzniesiona w latach 1564–1568 przez Regniera z Amsterdamu oraz Hansa Kramera z Drezna. Brama jest przykładem manieryzmu niderlandzkiego, stylu, który bardzo widocznie odcisnął się na zabudowie Gdańska.

Gdańsk's Green Gate (*Brama Zielona*) was put up in the years 1564–1568 under Regnier of Amsterdam and Hans Kramer of Dresden. The style is thus Dutch Mannerist, which has in general made a significant impression on the architecture of Gdańsk.

◄ Wnętrze gdańskiej Bazyliki Mariackiej. Świątynia, nazywana często „koroną miasta Gdańska". Jej wnętrze zmieścić może nawet 20 tys. wiernych. Do środka kościoła prowadzi siedem wejść, a nawy bazyliki doświetlane są przez 37 potężnych okien. Ołtarz główny jest dziełem Michała z Augsburga. Prace nad ołtarzem trwały w latach 1510–1517. Kwatery inspirowane są sztuką Albrechta Dürera.

The interiors of St. Mary's Basilica in Gdańsk. Often dubbed "the crown of the city", it took 159 years to come fully into existence, and is said to be capable of holding even 20,000 people. There are seven entrances here, and the nave is well-lit by 37 huge windows. The Main Altar is the work of Michael of Augsburg, who took the years 1510–1517 to complete the masterpiece. The panels are inspired by the art of Albrecht Dürer.

Rzeźba Gdańskiej Pięknej Madonny umieszczona jest w katedrze w kaplicy św. Anny. Niezwykłe dzieło artysty, zwanego Mistrzem wykonane jest w wapieniu. Powstało w Gdańsku, prawdopodobnie ok. 1420 roku.

The Gdańsk "Beautiful Madonna" is to be seen in the Cathedral's St. Anne's Chapel. This unusual work by the man known simply as "The Maestro" is of limestone, and was made in Gdańsk itself, probably around 1420.

Ulica Mariacka, zdaniem wielu, najciekawsza spośród gdańskich ►► ulic. Prowadzi zwiedzających od Bramy Mariackiej do kościoła Mariackiego wzdłuż czteropiętrowych kamienic. Przed domami znajdują się słynne przedproża, charakterystyczny element dawnej Frauengasse.

Mariacka Street is for many the most interesting anywhere in Gdańsk. It takes the tourist from the Mariacka (St. Mary's) Gate to St. Mary's Church, and is lined on both sides by four-storey town houses. Each of these has the famous porches and thresholds so characteristic of the former Frauengasse.

POZNAŃ

Głośne milczenie kamieni
The audible silence of the stones

Studzienka z figurą bamberki stanęła na poznańskim Rynku w 1915 roku. Bambrzy to określenie potomków niemieckich osadników z Bambergu i okolic. W latach 1719–1753 zasiedlali podpoznańskie wsie wyludnione na skutek epidemii cholery.

The well with the figure of a woman carrying water appeared on the Market Square in 1915. She is known as a *Bamberka*, recalling the settlement of this area by people from Bamberg in Germany. Poznań-region villages decimated by a cholera epidemic were, for example, colonised in the years 1719–1753.

Na długo przed tym, zanim z ust jednego z trzech legendarnych braci, Lecha, padł okrzyk „Poznan!", który dał ponoć nazwę późniejszemu miastu, tereny wokół dzisiejszej stolicy Wielkopolski przyciągały swoimi walorami licznych osadników. Późniejsze, słowiańskie osadnictwo datuje się już na wieki naszej ery – przypuszczalnie V lub VI stulecie.

W VIII lub IX wieku Ostrów Tumski zasiedlili Polanie. Rozlewisko Warty i Cybiny dawało schronienie i pozwalało na spokojną – jak na owe czasy – egzystencję. Nie można wykluczyć, że właśnie tutaj odbył się chrzest Polski. Pewnym jest natomiast, że dwa lata po tym wydarzeniu, w roku 968, powstało na terenie dzisiejszego Poznania pierwsze polskie biskupstwo. Lokacja miejskiej osady Śródka znajdującej się na prawym brzegu Warty miała miejsce w 1231 roku. Po 22 latach miastem stała się również część lewobrzeżna.

Jednym z najważniejszych zabytków Poznania i najstarszym dziełem tutejszej architektury jest Bazylika Archikatedralna pw. św.św. Piotra i Pawła. Dzisiejsza gotycka katedra stanęła na miejscu dwóch dawnych świątyń: pierwszej, jeszcze przedromańskiej, wystawionej za czasów biskupa Jordana i zniszczonej podczas najazdu Brzetysława, i drugiej, pochodzącej z fundacji Kazimierza Odnowiciela. Poznańska katedra jest bazyliką o trzech nawach. Z boków fasady wyrastają dwie wieże. Do naw bocznych dobudowywano, jak to często bywało, kaplice nagrobne: świątynię otacza w sumie 12 kaplic i 2 zakrystie. Tradycja przekazuje, że pod katedrą znajdują się grobowce Mieszka I i Bolesława Chrobrego. Niektórzy skłonni są przypuszczać, że pochowano tutaj również Dobrawę – żonę Mieszka I.

Niedługo po lokacji (1253 r.) Poznań objęto murami obronnymi. Ich budowa trwała pół wieku – w zasadzie przed końcem XIII stulecia dzieło było ukończone. Miasta strzegły wysokie na 11 m, ceglano-kamienne fortyfikacje. W XV wieku dodano drugi pas umocnień posiadający baszty. W średniowieczu Poznań z pewnością należał do najlepiej umocnionych polskich grodów. Od końca XVIII stulecia mury stopniowo były likwidowane, a w XX stuleciu niemal zupełnie zniknęły. Dziś obejrzeć możemy zaledwie fragmenty dawnych umocnień: m.in. pozostałości nieopodal kościoła farnego, Basztę Katarzynek czy część przedbramia przy ul. Wronieckiej.

Poznań poszczycić się może najstarszą siedzibą królewską: zabudowa górującego nad okolicą wzgórza rozpoczęła się prawdopodobnie jeszcze za Przemysła I. Dzieło budowy kontynuował Przemysł II, jednak całość ukończono dopiero za czasów Kazimierza Wielkiego.

W XVIII wieku zamek, niegdyś najpotężniejsza świecka budowla w państwie, chyli się ku upadkowi. Kazimierz Raczyński wystawił na fundamentach części dawnej warowni budynek archiwum. W 1945 roku w wyniku ostrzału wzgórza budynki zostały zniszczone, a po wojnie podniesiono z gruzów jedynie XVIII-wieczną zabudowę. Po dawnym zamku pozostały średniowieczne fundamenty i ściana, będąca obecnie częścią klasycystycznego gmachu.

Miasto nie może istnieć bez rynku. Rynek to świat! W wielu miastach ten szczególny plac do dzisiaj pozostał salonem mody, miejscem wymiany poglądów i stałym punktem na trasie spacerów.

The legend of brothers Lech, Czech and Rus, who are said to have founded the main Northern Slav nations, has an extended version in which Lech (for Poland, having already seen the eagle that would come to symbolise his country, and named the settlement of Gniezno after its nest) travelled on a bit further before letting slip the word Poznan (implying that something had been recognised) in the right place at the right time, thereby ensuring that the name Poznań would come to be used for an area so attractive for settlement that it had long since been occupied, and could only go from strength to strength, with time becoming the capital city of the Wielkopolska region, or Greater Poland. Sure enough, while there were people in this area in the Stone and Bronze Ages, the first Slav settlement we know about is *Anno Domini* – presumably the 5th or 6th centuries.

The 8th and 9th centuries in turn saw Poznań's Ostrów Tumski island colonised by members of the Polan tribe. Here, the floodplain of the Warta and Cybina offered a refuge, and hence what was – by the standards of those turbulent days – a peaceful existence. We may not preclude the idea that the famous baptism of Poland took place right here. What is for sure is that two years after that landmark event – in 968 – the first Polish bishopric came into existence in what is today Poznań. The urban settlement known as Śródka that stands on the right-hand bank of the Warta gained its first formal-legal recognition in 1231. 22 years after that, the left-bank part also obtained town status.

On Ostrów Tumski island stands one of the most important items of our city's architectural heritage – and in fact its oldest building – the Archcathedral Basilica of Saints Peter and Paul. Today's Gothic-style Cathedral had two predecessors: a pre-Romanesque place of worship erected during the times of Bishop Jordan – destroyed when Bretislav of Bohemia invaded – and a second one originating with a foundation on the part of King Kazimierz the Restorer (reigning 1034–1058).

Poznań Cathedral is a three-nave Basilica. Two towers rise up at the sides of the façade. As so often, burial chapels were built on to the side naves, and in total there are 12 chapels and 2 sacristies. Tradition has it that the tombs of both Mieszko I and Bolesław the Brave (Poland's first two rulers) lie beneath the Cathedral, while some are inclined to believe that Dobrawa – the Czech Princess of the Christian faith who became Mieszko's wife – was also interred here.

Not long after its founding as a town (in 1253), Poznań gained defensive walls for itself. At least the work began soon after, though it took half a century to complete, the work in essence being finished by the end of the 13th century. The town had then come to be guarded by fortifications of brick and stone up to 11 m tall. The 15th century brought the installation of a second belt of fortifications with towers. Thus, Poznań was undoubtedly one of the best-defended Polish towns in the Middle Ages. However, from the end of the 18th century onwards, all that work began to be undone, as the walls were taken away piece by piece –almost completely so by the 20th century. All that we may now see are fragments, e.g. those not far from the Parish Church, the Katarzynek Tower or the leadup to the old castle gateway near Wroniecka Street.

Poznań can boast of having Poland's oldest royal seat: a structure on heights towering over the surroundings and probably going back to the days of Przemysł I, Duke of Wielkopolska. The building work was further pursued by Przemysł II, and was only fully completed in the times of King Kazimierz the Great (reigning 1333–1370).

By the 18th century, that Castle – once the most impressive piece of secular architecture in the country – was firmly on a downward slide. Kazimierz Raczyński opted to put up an Archive Building on the foundations of part of the old fortress. Bombardment in 1945 destroyed the buildings on the elevation, and post-War only the 18th-century structures were re-erected

Stary Rynek w Poznaniu jest kwadratem o boku 141 m. Z Rynku poprowadzono 12 ulic – po trzy z każdej pierzei. Trzy drogi w każdą ze stron świata... Metafora wiecznego wyboru. Jakiś czas po lokacji, w 1253 roku, na Rynku wzniesiono Ratusz, a oprócz niego Wagę Miejską (w Poznaniu miary nie były ujednolicone – rozwiązano ten problem, nie za darmo wprawdzie, wprowadzając oficjalny przyrząd do pomiarów, z którego mógł skorzystać każdy kupiec). Nowe budowle odznaczały się na tle pozostałych zabudowań tym, że były murowane. Od XIV stulecia drewniana zabudowa Rynku zaczyna stopniowo odchodzić do historii. Nastają czasy solidniejszych budowli.

Poznański Ratusz jest cenną pamiątką po renesansowym budownictwie w Europie Środkowej. Powstał na styku stuleci, XIII i XIV, ale w połowie wieku XVI został przebudowany według pomysłu Jana Baptysty di Quadro, tego samego, który zaprojektował budynek Wagi. Architektowi z Lugano poznański Ratusz zawdzięcza umieszczenie na fasadzie arkad i loggii. Jasność fasady wydobywa gmach z kolorów kamieniczek. Nad zegarem, skierowane ku sobie rogami, przejęte przez Ratusz z najbardziej chyba znanej poznańskiej legendy, stoją dwa koziołki. Tradycja przekazuje, że gdy zakończono prace nad ratuszowym zegarem, jego prezentację mieszczanom i rajcom uświetnić miała wystawna uczta. Pech chciał, że nieuważny kuchcik przypalił pieczeń i, żeby zatuszować niefortunne zdarzenie, ukradł z podmiejskiej łąki dwa koziołki, mając nadzieję, że jeszcze zdąży przygotować potrawkę z koźliny. Zwierzęta prowadzone do ratuszowej kuchni, wyrwały się z rąk kuchcika i ratując życie, czmychnęły na wieżę. Tam właśnie ujrzeli je zgromadzeni mieszkańcy Poznania.

Legendy są powtarzane przez wiatr i wpadają do ucha razem z drobinkami wody z fontanny. Szumi deszcz kropel w fontannie Prozerpiny... Basen otaczają wyobrażenia ziemi, ognia, powietrza i wody; centrum fontanny zajmuje rzeźba Prozerpiny, przedstawiająca scenę porwania do królestwa podziemi. Fontannę wzniesiono w latach 1758–1766 na miejscu XVII-wiecznej studni, jednej z czterech istniejących niegdyś na poznańskim Rynku.

Prozerpina, rzymska odpowiedź na grecki mit Persefony, co dzień jest porywana przez Plutona i co dzień wraca na swoje miejsce. Powtarzalność przynosi uspokojenie i pozwala zapomnieć, przynajmniej na jakiś czas, o niestałości tego świata.

Nadal trwają kamienie. Nadal odczytujemy kilka cyfr z niewielkiej kolumny jednego z domków budniczych. 1535... Data powstania. Ryta z wiarą, że odczytają ją ci, którzy przyjdą później.

from the rubble. All that remained of the castle of old were its Mediaeval foundations, plus a wall that had now become part of the Neo-Classical building.

A town simply cannot exist without its Market Square. The Square is the world! There are many senses in which this particular square remains to this day a mixture of fashion salon, place to exchange views and fixed point along the route of otherwise infinitely varied walks.

The Old Town Market Square in Poznań is of sides 141 m each. A total of 12 roads lead off from it, three from each side, and hence three towards each main point of the compass ... A metaphor, perhaps, for all those endless choices we are required to make. Sometime after the legal founding of the town (in 1253), the Market Square acquired for itself a Town Hall, as well as a weighing station (in Poznań there had been no harmonisation of weights hitherto, hence the solution of bringing in official weighing equipment accessible to all merchants and sellers was arrived at, if only of course at considerable cost). The new building stood out against others first and foremost because it was not of wood. Other construction around the Square began to follow this trend from the 14th century onwards, the whole layout thus acquiring a more and more solid and permanent appearance.

Poznań Town Hall is regarded as an important souvenir of the Renaissance style of construction pursued across Central Europe. It appeared as the 13th century was giving way to the 14th, but was remodelled markedly in the mid 16th century, in line with a concept arrived at by Giovanni Battista di Quadro – the very same who had designed the weighing station. It is to the architect from Lugano that the Poznań Town Hall owes its arcaded and loggia-rich façade. The paleness of this sets it apart from the colourful nearby tenement houses. Above the clock, facing each other off, are two goats, in the Town Hall's tribute to what must be the best-known of all this city's legends. Tradition has it that, when work on the Town Hall clock had been completed, its presentation to burghers and councillors alike was to have been accompanied by an appropriately impressive feast. However, as bad luck would have it, the careless chef of that day burnt the roasts and, in an effort to cover up this error of judgment, sought to spirit away two goats he had noticed on some meadows at the edge of the city. His hope was that he might still be able to rustle up a tasty dish using the only meat to hand. The animals were duly brought along to the Town Hall kitchens, where they promptly managed to make a break for it, somehow bolting up the clocktower. And it was there that they were seen by the assembled inhabitants of Poznań.

Legends are repeated by the wind, and reach the ear along with a droplet or two of water from the nearby fountain. The rain of droplets from that Proserpine Fountain murmurs gently... Its pool is surrounded by imaginings of earth, fire, air and water, while the centre is occupied by the sculpted Proserpine being abducted to the Underworld. This fountain took its place in the years 1758–1766, where a 17th-century well had stood (as one of four existing a different times in Poznań's Market Square).

The Roman counterpart of Persephone of Greek myth, Proserpine is each day abducted by Pluto, and each day returns to her place. This kind of repetitiveness brings its own special kind of calm, allowing us to forget – for a while at least – how impermanent the world around us can be.

But the stones persist. We may still read off a couple of numbers from the small column on one of the houses of indentured craftsmen. 1535... The date it went up. Carved in the firm belief that those who would come after would read it...

Wielka Sień, zwana Salą Wielką poznańskiego Ratusza. Warto unieść nieco głowę, by móc podziwiać renesansowe dzieło Jana Baptysty di Quadro z 1555 roku – sufit pokryty jest wyobrażającymi motywy roślinne płaskorzeźbami, wśród których artysta umieścił herby miasta, Rzeczpospolitej i Jagiellonów.

The Great Hall of Poznań Town Hall. The visitor should look up to admire the Renaissance work of Giovanni Battista di Quadro, dating back to 1555. The ceiling is covered with floral-motif bas-reliefs, among which the artist has placed the emblems of the city, Poland as a whole and the Jagiellon Dynasty.

Poznański Rynek jest trzecim co do wielkości staromiejskim rynkiem w Polsce. Na pierwszym planie fontanna Neptuna, jedna z czterech, zdobiących Rynek.

Poznań's Market Square is the third largest in Poland. The Neptune Fountain is one of four on Poznań's Market Square.

◄ Poznański Ratusz, wzniesiony ok. roku 1300, w ciągu wieków zmieniał swe oblicze. Z niskiego budynku o cechach gotyckich stopniowo rozwijał się w większą budowlę renesansową.

Poznań Town Hall was built around 1300, but has changed its appearance down the centuries since then. In the process, it went from being a low Gothic-style building into a much larger Renaissance one.

Fasadę Ratusza wyróżnia bogato zdobiona malowidłami i płaskorzeźbami trójkondygnacyjna arkadowa loggia.

The Town Hall façade stands out for its three-storey arcaded loggia adorned by decorative murals and *bas-reliefs*.

W parterach kamienic poznańskiego Rynku mieszczą się obecnie siedziby firm i banków. Nie brakuje też miejsc, gdzie można przysiąść nad filiżanką kawy – do stolików, latem wystawionych na zewnątrz, zapraszają liczne kawiarnie i restauracje.

The ground floors of the tenement houses around the Poznań Market Square are now the seats of firms and banks. There are also plenty of places to get a coffee – carried out to a table in the Square during the summer months – or else a full meal.

Fontanna Prozerpiny przed Ratuszem na poznańskim Rynku. ▶ Twórcą barokowej rzeźby jest Augustyn Schöps. Artysta w mistrzowskim ujęciu pokazał scenę porwania Prozerpiny przez Plutona. Poznańskie fontanny ulokowane są na miejscu dawnych, usuniętych w połowie XIX wieku studzien.

The Proserpine Fountain in front of the Town Hall in Poznań Market Square. The Baroque-style sculpture-work is that of Augustyn Schöps, who is masterly in his encapsulation of the moment of Proserpine's abduction by Pluto. The Poznań fountains are located where old wells removed in the 19th century once stood.

◄ Wnętrze poznańskiej fary. Kolegiata Matki Bożej Nieustającej Pomocy i św. Marii Magdaleny uważana jest za jedną z ciekawszych realizacji barokowego budownictwa sakralnego w Polsce. Kościół farny wystawili jezuici. Wznoszony przez pół wieku (1651–1701), ostateczny kształt otrzymał w roku 1750. Wnętrze wyróżnia się na tle innych świątyń tej epoki – bardzo wyraźnie dochodzi tu do głosu barok w wydaniu rzymskim, zwany również barokiem triumfującym.

The interiors of the main parish church in Poznań, the Collegiate Church, which is regarded as one of the more interesting sacred manifestations of the Baroque style in Poland. The church was established by the Jesuits, and it took the years 1651–1701 to build. It did not in fact assume its final shape until 1750. The interiors here differ rather from those more typical of the Baroque era. What is very clear is the Roman version of Baroque, also dubbed "Triumphal Baroque".

Ulica Klasztorna przy poznańskiej farze. Co ciekawe, pod kościołem farnym znajdują się ogromne podziemia, które niegdyś służyły za krypty grobowe dla zakonników.

One of the streets by the old Poznań parish church. Beneath this there is a very extensive crypt area once offering final resting places to members of the Order of Jesuits.

Na Ostrowiu Tumskim wznosi się poznańska Bazylika Archikatedralna, jedna z najdawniejszych polskich świątyń. Być może, choć jak na razie nie ma na to historycznych dowodów, właśnie tutaj odbył się chrzest Mieszka I i jego dworu.

Poznań's Archicathedral Basilica on Ostrów Tumski Island is one of the oldest places of worship in Poland. There is no hard historical evidence yet, but it may well have been here that Mieszko I and his court were baptized in the earliest days of Poland.

Kaplica Królewska, zwana Złotą. Dzisiejszy wygląd zawdzięcza ▶ przebudowie dokonanej w latach 1836–1837 pod kierunkiem Franciszka Marii Lanciego. W kaplicy znajdują się sarkofagi Mieszka I i Bolesława Chrobrego. Z pewnością zostanie w pamięci bizantyjski przepych, z jakim urządzone zostało poznańskie mauzoleum polskich władców.

The Royal (or Golden) Chapel owes its present-day appearance to remodelling work carried out as relatively recently as in 1836–1837, under Francesco Maria Lanci. To be found here are the sarcophagi of Poland's first rulers, Mieszko I and Bolesław the Brave, as well as works devoted to them. Certainly likely to prove a memorable attraction is the Byzantine-style pomp applied in organising the Poznań mausoleum to those early Polish rulers.

TORUŃ

Miasto gotyku
The City of Gothic

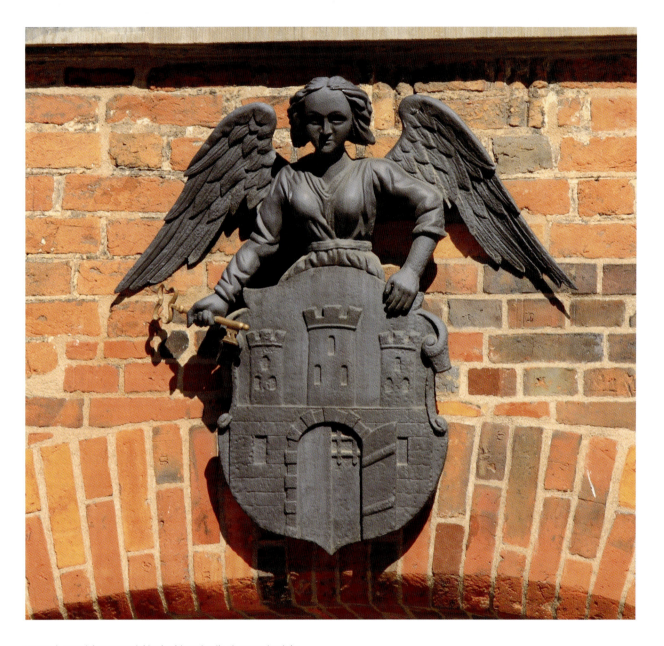

W II poł. XV wieku w toruńskim herbie pojawiła się postać anioła trzymającego tarczę. Herbowy anioł stróż Torunia widoczny jest w różnych częściach miasta. Dostrzec go można na fasadzie Dworu Artusa, w witrażu nad wejściem Urzędu Miasta, strzeże również Ratusza Staromiejskiego.

In the second half of the 15th century, the Toruń coat of arms gained for itself the likeness of an angel bearing a shield. This armorial guardian angel is to be seen in various parts of the town, not least on the façade of the Artus House, and in stained glass above the entrance to the City Office. One also stands sentry over the Old Town's Town Hall.

Powiedzmy, że jest noc. Powiedzmy, że lekki wiatr unosi zimną ciemność znad Rynku i wtłacza ją w przyległe ulice, rozciąga niby czarną mgłę, która na najbliższe godziny przylgnie do domów – rzucana podmuchami gigantyczna peleryna. Powiedzmy, że ta noc opatrzona jest w kalendarzu datą 19 lutego. Anno domini 1473…

W domu przy ul. św. Anny przychodzi na świat najbardziej znany na świecie toruninan – Mikołaj Kopernik. Dawna ulica św. Anny ma dziś za patrona swojego słynnego mieszkańca sprzed wieków. Kamienice z numerami 15 i 17 milcząco przyjmują rolę świadków. Głosy przewodników odbijają się od solidnych ścian. Szukając wśród kamieni miast przeszłości, często wyruszamy na wędrówkę tropami tych, którzy te miasta zapełniali, budowali je swoją obecnością, a jednocześnie zapisywali w sobie.

Brukowana uliczka wykonuje skręt i znajdujemy się pod Krzywą Wieżą. Baszta obronna, wzniesiona na przełomie XIII i XIV stulecia jako część miejskich murów obronnych, jest odchylona od pionu o ok. 1,5 m. Żadna w tym zasługa, ale też żadna przewina człowieka. Podłoże nie wytrzymało ciężaru wieży i pozwoliło budowli osuwać się aż do momentu, gdy osiadające ściany napotkały skalny fundament.

W toruńskich lustrach przegląda się Hanza. Związek miast basenu Morza Północnego i Bałtyku miał silny wpływ nie tylko na stosunki handlowe, ale także na zewnętrzny obraz Torunia. Gotyk północny naznaczył Toruń swoim skupieniem i powściągliwą urodą. Kontakty kupieckie pozwalały na przepływ nowinek – także tych dotyczących choćby architektury.

Toruński Ratusz powstał pod koniec XIV stulecia. Właściwie można powiedzieć, że muratorzy ułatwili sobie zadanie: jednopiętrowy wówczas budynek dobudowano do istniejącej już wieży, przy czym – oddajmy sprawiedliwość – wieżę podciągnięto jeszcze do góry. Początek XVII wieku przyniesie przebudowę Ratusza: powstanie dodatkowe drugie piętro, dodane zostaną wieżyczki utrzymane w renesansowym stylu. Szwedzkie bombardowanie w roku 1703 niszczy Ratusz. Wprawdzie zostanie podniesiony z wojennego upadku, ale na szczyt wieży nie wróci już wieńczący ją dotychczas hełm.

W kamienicy na Rynku Staromiejskim pod nr. 33 urodził się 28 stycznia 1755 roku Samuel Thomas Soemmerring. Naukę, rozpoczętą w Toruniu, kontynuował na uniwersytecie w Getyndze. Mając 23 lata napisał rozprawę doktorską, którą poświęcił zagadnieniom anatomii mózgu. Był bez wątpienia jednym z najwybitniejszych umysłów swojej epoki. Dobrze wykształcony, nie ograniczał swojej aktywności wyłącznie do śledzenia mózgowych labiryntów czy siatkówki oka. Interesował się filozofią, nieobce były mu zagadnienia fizyki.

Jak wyglądał poranek, w świetle którego opuszczał Toruń Soemmerring? Szedł ku sławie, karierze, szlachectwu…Ku Kassel, Moguncji… Którą z bram przekraczał? Z 11 średniowiecznych bram Torunia do dzisiaj dochowały się jedynie trzy, wychodzące na Wisłę: Żeglarska, Klasztorna i Mostowa.

Brama Klasztorna przysiadła przy końcu ul. Ducha Świętego: mocna, zwalista, typu flandryjskiego. Zbudowana została w I poł. XIV wieku Klasztorna – bo niegdyś, już za miejskim murami, stał

Let us say that it is night time. Let us also say that a light wind is bringing its cold touch to the darkness from over the Market Square, and is carrying that touch along adjacent streets. A kind of black fog of night is extending everywhere, and we know that this will in some way cling to the houses here for the next few hours, as if it were a gigantic cloak cast over everything by the gusts. Let us now say that the night in question rejoiced in the date February 19th, in the Year of our Lord 1473…

It was then, in a house in św. Anny (St. Anne's) Street that by far the best-known of all Toruń inhabitants – Nicholas Copernicus (otherwise Mikołaj Kopernik) came into the world. Indeed, the name of the saint no longer applies to the street, as it at some point took on that of its most famous resident instead. It was numbers 15 and 17 that bore silent witness to the great happening, and the solid walls will forever now resound to the voices of tour-guides. In seeking a re-awakening of the past among the stonework of a town or city, we often set off in the footsteps of those whose presence filled it in former times, building it and in turn inscribing their existence into it.

The cobbled street takes a turn and we find ourselves beneath the Crooked Tower (Krzywa Wieża). This structure from the late 14th century and early 14th centuries – part of the overall defensive system here – is now shifted some 1.5 m from the vertical. This was obviously not the intention, but the ground simply could not support the tower's weight and so allowed the building to "settle" – until it finally encountered a firmer rocky foundation.

In Toruń mirrors, it is the Hanseatic League that one sees. That union of the cities around the North and Baltic Seas had a major influence, not only on trade relations, but also on Toruń's external appearance. The Northern Gothic gave (and gives) the city its architectural focus, and helps impart the very specific charm that this destination is famous for. And it was the mercantile contacts that allowed new ideas to flow in, not least those arising in architecture.

The Toruń Town Hall came into existence at the end of the 14th century. In truth, one may say that the builders did themselves a favour, building what was originally just a single extra storey on to an already-existing tower, albeit (in all fairness) a tower that was first raised in height for the purpose. The early 17th century brought a remodelling of that Town Hall, another floor being added, along with turrets maintained in the Renaissance style. Unfortunately, bombardment by the Swedes as early as in 1703 did much harm to the building, and – while it was re-erected with time – the top of the tower never regained its former helm roof.

It was in turn in the tenement house at no. 33 on the Old Town Market Square that Samuel Thomas Soemmerring was born on January 28th 1755. The studies he began in Toruń were pursued further at the University of Göttingen. At the age of 23, he wrote a doctoral thesis devoted to the anatomy of the brain. More generally, he was undoubtedly one of the leading thinkers of his era. Well-educated, he did not confine himself to negotiating the cerebral labyrinth or understanding better the functioning of the retina. Rather, he also took a lively interest in philosophy, and physics was certainly not a closed book to him either.

How was that morning in whose light Soemmerring bade farewell to Toruń? He headed off for fame, a career, a place in the nobility… Towards Kassel and Mainz… We may wonder which gate he left through…

Of the 11 Mediaeval gates that Toruń could once boast, just three have come through to the present day, all of them along the Vistula. These are the Żeglarska, Klasztorna and Mostowa Gates.

Its name making reference to a monastery, the Klasztorna Gate stands – for good measure – at the end of Ducha Świętego

w sąsiedztwie klasztor benedyktynek, które pełniły posługę w szpitalu i kościele św. Ducha.

Zupełnie inna jest Brama Mostowa. Młodsza od Klasztornej o wiek, posiada blanki i zaokrąglenia, które pozwalały lepiej znosić ataki armatnie. Pochodząca z XIV stulecia brama Żeglarska nie dotrwała do dzisiejszych czasów w swym pierwotnym kształcie: przez wieki była zmieniana, aż w końcu jej wygląd przestał przypominać pozostałe nadwiślańskie bramy.

Słońce prześlizguje się po kamieniach ulicy Podmurnej. To ważne miejsce Torunia. Ciągnąc się od Wisły przy murach obronnych i sięgając aż do baszty Koci Łeb, była najdłuższą ulicą dawnego miasta. Na początku Podmurnej wznosi się stary gotycki spichlerz, którego początki sięgają przełomu XIII i XIV wieku. W XIX i XX stuleciu przebudowany, stracił swą pierwotną funkcję. Przez jakiś czas był budynkiem mieszkalnym, obecnie mieści się w nim ośrodek kultury.

Będąc w Toruniu, z pewnością warto odwiedzić pozostałości zamku krzyżackiego. W miejscu, gdzie stanęła warownia zakonu, wznosił się wcześniej obwarowany gród. Pierwotna siedziba krzyżaków, której budowę rozpoczęto w latach 50. XIII wieku, była zapewne drewniana; z czasem drewno zostało zastąpione kamieniem i cegłą. Po bitwie grunwaldzkiej dodatkowo wzmocniono obwarowania i powiększono liczebność załogi. W 1454 roku wybucha antykrzyżackie powstanie. Zamek, po kilkudniowym oblężeniu, zostaje zdobyty i zniszczony. Nigdy już nie wrócił do stanu dawnej świetności. Dziś, mając status „trwałej ruiny", jest miejscem spacerów i stanowi wdzięczny obiekt dla malarzy.

("Holy Spirit") Street. It is strong, thick-set and of what is known as the Flanders type. It was built in the first half of the 14th century. The name itself reflects the one-time presence, just beyond the city walls, of a Benedictine nunnery whose residents helped out in the Holy Spirit Church and hospital – so now the situation becomes clear.

The Mostowa Gate is quite different. A century younger than the Klasztorna Gate, it has crenellations and rounded off towers, allowing it to better withstand cannon-fire. The 14th-century Żeglarska Gate did not make it through to the present day in its original shape. It was forever being altered, to the point where its appearance in no way resembles that of the other Gates along the Vistula side.

The sunlight slips along the stones in Podmurna Street. This is an important place in Toruń. Stretching from the Vistula by the defensive ramparts (the name means "Under the Wall") all the way to the "Cat's Head" Tower, this was the longest thoroughfare in the town of old. Where Podmurna starts, there is a Gothic-style grain store whose origins go back to the late 13th and early 14th centuries. This too was made over in the 19th and 20th centuries, losing its original function in the process. It was a residential building for a while, and now houses a culture centre.

While in Toruń, the visitor should certainly go and see what is left of the castle of the Teutonic Knights. Where the fortress of that Order once stood there had previously been a defensive settlement. Indeed, the first seat of the Knights was most probably of wood, though as time passed this material gave way to stone and brick. After the Battle of Grunwald – which resulted in defeat for the Teutonic Knights in 1410 – the fortifications were further strengthened and the numbers manning them increased. Nevertheless, in 1454, an anti-Teutonic uprising took place in Toruń, leaving the Castle besieged for several days before being taken by the townspeople and then destroyed. Needless to say, it could never recapture its former glory after that, hence the status of this former stronghold as a "permanent ruin". This of course makes it a fine place to take a walk, and simply a gift to any artist.

Mikołaj Kopernik jest niewątpliwie najsłynniejszym torunianinem. Nic dziwnego, że rodzinne miasto postanowiło upamiętnić tę wybitną postać. Pomnik Kopernika, dzieło Fryderyka Tiecka, odsłonięto na toruńskim Rynku w 1853 roku. Rzeźba odlana jest z brązu, ma ponad 2,5 m wysokości.

Nicholas Copernicus (Mikołaj Kopernik) is without doubt the most famous individual to hail from Toruń, so not unnaturally the city has sought to make the most of the fact. The Copernicus Monument by Friedrich Tieck was unveiled on the Market Square in 1853. This sculpture is of bronze and stands more than 2.5 m tall.

W roku 1997 toruńska Starówka umieszczona została na Liście Światowego Dziedzictwa UNESCO. Zespół staromiejski ma nie tylko wybitne walory historyczne. To również po prostu jeden z tych widoków, których piękno zapada głęboko w pamięć i każe – nawet po latach – wracać. Starówka szczególnie zachwycająco wygląda od strony Wisły. Ta panorama stała się znakiem rozpoznawczym miasta Mikołaja Kopernika.

In 1997 the Toruń Old Town gained a place for itself on the UNESCO list of World Heritage Sites. The complex of Old Town buildings are not merely a reflection on history. Rather, to this day, the view on offer here is just so beautiful that it cannot fail to make an impression, and encourage people to pay a return visit, even years later. The view from the Vistula side is especially captivating, and is indeed a kind of calling card for Copernicus's town.

Toruński Ratusz uznawany jest za jedno z największych osiągnięć architektury mieszczańskiej średniowiecza w skali Europy. Obecny wygląd został nadany budowli w I poł. XVIII stulecia.

Toruń Town Hall is regarded as one of Europe's greatest attainments of Mediaeval mercantile architecture. Nevertheless, its current appearance was conferred as relatively recently as in the first half of the 18th century.

Gotycka wieża Ratusza Staromiejskiego z umieszczonymi na każdej ścianie zegarami jest najstarszą częścią budowli – powstała ok. 1274 roku. Prowizoryczne zwieńczenie, którym w 1703 roku po szwedzkim bombardowaniu zastąpiono zniszczony hełm, przetrwało do dnia dzisiejszego.

The Gothic tower of the Old Town Town Hall with clocks on each side is the oldest part of the building, having been erected around 1274. Although designed to be temporary, the replacement for the helm roof destroyed by the Swedish bombardment of 1703 has endured through to today.

◄ Widok z wieży ratuszowej na kościół Wniebowzięcia Najświętszej Marii Panny, jeden z trzech zachowanych toruńskich kościołów gotyckich. Monumentalna bryła, zgodnie z założeniami reguły franciszkańskiej, pozbawiona jest głównej wieży – w jej miejscu z korpusu wyrastają trzy niewielkie sygnaturki.

The view from the Town Hall tower of St. Mary's Church, one of Toruń's three surviving Gothic churches. The monumental lines heed French architectural assumptions, in that there is no main tower (its place being taken by three small turrets).

W Sali Mieszczańskiej toruńskiego Ratusza przed wiekami odbywały się sejmiki, tutaj podejmowano poselstwa i witano monarchów. Dziś znajduje się tu „Galeria portretów mieszczańskich", od której przyjęła się obecna nazwa.

It was in the Merchants' Hall of the Toruń Town Hall that local assemblies met years ago. It was also here that MPs were sworn in and monarchs welcomed. The Gallery of Mercantile Portraits is to be found here.

Kamienica pod Gwiazdą jest jedną z najlepiej zachowanych mieszczańskich kamienic barokowych w środkowej i północnej Europie. Fasada inkrustowana jest stiukami, przedstawiającymi motywy roślinne – tak typowe dla toruńskiego baroku.

The interiors of the *Sign of the Star* tenement house were once Gothic, but became mercantile Baroque following a makeover. This house is one of the best-preserved Baroque-style merchant's houses anywhere in central or northern Europe. Its façade is encrusted with the stucco-work presenting floral motifs that is so typical for the Toruń Baroque.

Ulica Żeglarska biegnie od Rynku do Bramy Żeglarskiej. W średniowieczu należała do głównych ulic miasta. Jej rangę podkreślał fakt, że właśnie w tym miejscu Torunia postawiono pierwsze murowane kamienice. Na zdjęciu gotycka kamienica rodziny Watzenrode i barokowy pałac Dąmbskich.

Żeglarska Street runs from the Market Square to the Żeglarska Gate. In Mediaeval times this was among the city's busiest streets. Its rank is attested to by the fact that Toruń had its first non-wooden buildings located here. Pictured here, the Gothic-style tenement house of the Watzenrode family, plus the Baroque mansion of the Dąmbskis.

Ukrzyżowanie i *Sąd Ostateczny* – malowidło na północnej ścianie ▶
bazyliki Katedralnej śś. Janów nad wejściem do zakrystii. Dzieło
powstało w latach 1380–1390.

The *Crucifixion* and *Last Judgment* – a painting on the northern
wall of the Cathedral Basilica of the Saints John situated above
the entrance to the Sacristy. This work dates back to between
1380 and 1390.

Bazylika Katedralna śś. Janów to jedna z najstarszych świątyń wzniesionych na Ziemi Chełmińskiej. Budowę rozpoczęto w II połowie XIII stulecia, jednak ostateczny kształt nadano kościołowi w wieku XV. To jeden z największych polskich kościołów. Budowany przez 200 lat, otrzymał rys gotycki. Jego wnętrza kryją prawdziwe skarby. Ściany pokryte są gotyckimi, renesansowymi i barokowymi malowidłami. Te najcenniejsze, XIV-wieczne, zobaczyć można w prezbiterium. Na wieży umieszczono dzwon *Tuba Dei* – pochodzi on z roku 1500 i jest największym polskim dzwonem, jaki odlano w czasach średniowiecza.

The Church of St. John the Baptist and St. John the Evangelist is one of the oldest churches to have been erected anywhere in the Chełmno region. Work began on it in the second half of the 13th century, though a final shape was only conferred upon it in the 15th. This is one of Poland's largest churches and, though built over the space of 200 years, it always retained Gothic lines overall. Its interiors can boast of real treasures, for the walls are adorned with Gothic, Renaissance and Baroque style wall paintings. The most precious ones –dating back to the 14th century – can be seen in the Chancel. The tower holds the *Tuba Dei* Bell which dates back to 1500 and is the largest bell in Poland to have been cast in the Mediaeval period.

Wielkie Garbary. Toruńska ulica zawdzięcza swoją nazwę średniowiecznym mieszkańcom, wśród których większość stanowili rzemieślnicy zajmujący się wyprawianiem skór. Pod numerem 17 znajduje się secesyjna kamieniczka z pięknymi balkonami – zabytek stosunkowo niedawny, ale z całą pewnością godny obejrzenia ze względu na swój urok. ▶▶

Wielkie Garbary is a street name making reference to tanning, for indeed skins were prepared by the residents here in the Middle Ages. No. 17 is a Secessionist-style house with fine balconies. Perhaps a relatively new architectural feature by Toruń standards, it has such charm that it is well worth a look.

◄ We wnętrzu kościoła św. Jakuba dotrwały do naszych czasów ścienne malowidła pochodzące z czasów średniowiecza. Wśród cennych zabytków warto wymienić również XV-wieczny obraz „Pasja Chrystusa" i Drzewo Życia z Krucyfiksem Mistycznym z końca XIV stulecia, znajdujące się w zakończeniu południowej nawy kościoła.

Surviving through to the present day within this place of worship are murals painted in the Middle Ages. Among the important heritage items in St. James's is the 15th-century painting of *The Passion of Christ*, as well as the famous "Tree of Life". The Tree of Life with the Mystical Crucifix is at the end of the Church's South Nave. The Gothic-style crucifix goes back to the late 14th century.

Bazylika św. Jakuba – wybitne dzieło XIV-wiecznych budowniczych. Wysoka na blisko 50 m wieża góruje nad zabudowaniami Nowego Miasta.

The Basilica Church of St. James is an outstanding piece of 14th-century architecture. A tower almost 50 m high stands head and shoulders above the other New Town buildings.

Brama Mostowa zawdzięcza swą nazwę istniejącej tu niegdyś przeprawie przez Wisłę. Pierwszy stały most w Toruniu zbudowano w ostatnich latach XV stulecia: łączył wspomnianą bramę z Kępą Bazarową, wyspą położoną między Wisłą a jej odnogą.

The Mostowa (Bridge) Gate owes its name to the fact that there was once a crossing of the Vistula here. Toruń's first permanent bridge was built in the last years of the 15th century. This linked the aforementioned Gate with Kępa Bazarowa, an Island located between the main Vistula channel and one its many ramifications.

Stara toruńska legenda powiada, że Krzywa Wieża pochylona jest ▶ dlatego, że budujący ją skłóceni ze sobą bracia bardziej zajmowali się swarami niż pracą. Ponieważ efektem była odchylona od pionu budowla, nakazano braciom podpierać basztę własnymi ramionami.

An old Toruń legend has it that the Crooked Tower is such because the brothers building it forever arguing with each other were more concerned with their rowing than with their work. Since the result of that was a building out of true, the brothers were apparently ordered to support the structure with their own shoulders.

NA KRAŃCACH MAPY
ON THE MARGINS OF MAPS

Kopalnia soli w Wieliczce jest jedynym na świecie obiektem tego typu działającym nieprzerwanie od średniowiecza. Niezwykły podziemny zabytek od 1978 roku znajduje się na Liście Światowego Dziedzictwa UNESCO. Na fotografii kaplica św. Kingi w wielickiej Kopalni Soli.

The salt mine at Wieliczka is the only object of its type in the world to have continued in operation since the Middle Ages. Since 1978, this exceptional place has enjoyed the status of UNESCO World Heritage Site. In this photograph, the Mine's Chapel of St. Kinga.

Przemierzając Polskę, wjeżdżamy do miast, by zatrzymać się na dzień lub dwa, odetchnąć ciszą kościołów, dotknąć dłonią stopni schodów i kamieni białych od deszczu i tysięcy świtów, które spadały na nie, wyprowadzając z ciemności. (Być może właśnie biel, nie szarość, jest kolorem upływu czasu). Trzeba przedrzeć się przez otulinę nowoczesnych osiedli, które przysiadły na obrzeżach właściwego miasta, jego starej zabudowy.

Czas nie jest łaskawy ani dla ludzi, ani dla tego, co stworzyli. Kruszeją kamienie, jedne mody w architekturze zostają zastąpione innymi. Miejsce po starej zabudowie często przejmują nowe budynki, wtapiając w siebie stare fundamenty, kawałki ścian czy fragmenty wieżyc. Ale to tylko dodatkowa przygoda, jeszcze jedno wyzwanie, by takie detale wynajdywać i dawać im miejsce w swojej pamięci. A jeśli odnajdzie się kościół, kamienicę czy zamek w niezmienionym kształcie – radość będzie tym większa.

Warto wyruszyć ku miejscom mniej znanym. W małych miasteczkach ukryte są wielkie skarby. Stare miasta zanurzone między wzgórzami, uśpione przy drogach prowadzących do większych ośrodków – są na wyciągnięcie ręki, choć często o nich po prostu się zapomina. Niesłusznie – i ze szkodą dla zwiedzającego! – spycha się je niekiedy na krańce map turystycznych wędrówek. Warto odbyć tę podróż, której etapy znaczone będą przez dawne rynki, stare ratusze i poczerniałe od starości mury.

By zobaczyć świetnie zachowane XIV-wieczne umocnienia, wystarczy przyjechać do Paczkowa. Do dzisiejszego dnia przetrwało tam wiele ze średniowiecznej zabudowy: całkowita długość paczkowskich murów wynosi 1200 m, a z 24 istniejących niegdyś baszt oglądać możemy 19.

Bywa tak, że najważniejszy zabytek miasta spycha w cień pozostałe, także przecież godne uwagi. Do Wieliczki przyjeżdża się głównie po to, by zobaczyć słynną kopalnię soli. Ale to jeszcze nie koniec atrakcji. Podkrakowskie miasteczko warto odwiedzić również dla kilku innych powodów: oto w rogu Rynku wznosi się Zamek Żupny, zbudowany na przełomie XIII i XIV stulecia. Przez wieki był siedzibą zarządu kopalni; na przestrzeni setek lat podlegał wielu różnym przeróbkom i przekształceniom, ale ślady historii szczęśliwie udało się zachować.

Niedaleki Tarnów zachwyca renesansowym Rynkiem. Choć plac powstał już w czasie lokacji miasta (1330 r.), to jednak zarówno kamienice, jak i Ratusz przeszły przeobrażenie, gubiąc po drodze gotycki charakter na rzecz klasycznych cech renesansowych. Tarnowska XIV-wieczna katedra pozostała wierna gotykowi. Również przebudowywana na przestrzeni wieków, otrzymała ostatecznie w końcu XIX wieku kształt neogotycki.

Jeśli Wieliczka czy Tarnów są nazywane klejnotami Południa, to Stargard Szczeciński jest klejnotem Pomorza. Stargard ze swoją niezwykłą Bramą Młyńską czy pięknym Rynkiem, robi na zwiedzającym ogromne wrażenie. Co istotne, w tym mieście dobrze zachował się system murów obronnych (mniej więcej połowa z pierwotnych ponad 2 tys. metrów) – tutaj można poczuć, jak czas przestaje biec i zatrzymuje się w dalekiej przeszłości XIII czy XIV stulecia. Warto pamiętać, że Stargard był bodaj najlepiej ufortyfikowanym miastem pomorskim.

Każde ze starych miast ma inną twarz, przeko-

Passing through or into Poland, we enter one or other of her towns or cities, perhaps with a view to staying for a day or too, to take in the quiet of some church, or to tread on steps and stones whitened by rain and by the thousands of dawns that have led them out of the darkness and back into the light. (Perhaps it is white, rather than grey, that is the colour of the passage of time). In doing this, it is also necessary to push through the "buffer zone" of modern housing estates that have colonised the edges of the town proper, with its older construction.

Time spares neither people, nor what people create. It crumbles stone and it bears silent witness as one architectural fashion give way to another, often with little mercy being shown for what went before. How often does an old building give way to a new one – even one cannibalising the foundations of its predecessor, parts of its walls or towers? But in some way this just adds to the adventure, representing as it does one further challenge – of how we may detect those details and assign a proper place in our memory to them. On the other hand, if we do manage to find some church, tenement house or castle that remains in unchanged form, then our joy is all the more unconfined for having made the discovery. In this regard, it is worth heading off to places less well-known. For small towns may hold great treasures. The truth is that Old Town areas nestling between heights, or dozing quietly by roads pushing on determinedly to "more significant" centres, are out there within easy reach. How very frequently that fact is forgotten! And how wrong that amnesia is, how unhelpful to the visitor, who might - have so much gain from places that always somehow find themselves shoved off towards the margins of the maps displaying all those popular tourist itineraries. But why not anyway take that more worthwhile trip, whose stop-offs are marked by old market squares and town halls, as well as many a wall gone grimy with sheer age?

To see wonderfully-preserved 14th-century fortifications, it is enough to head down to Paczków. Much of that town's Mediaeval construction has come through to the present day, while the total length of its town walls is 1200m, with 19 of the 24 towers once existing still being viewable today.

There are also cases in which major attractions of a town or city are actually pushed into the shade, rather unceremoniously, by other magnets for tourists that are of course worth visiting. For some time now, we have all been going to Wieliczka to see its unque and renowned salt mine. Fair enough, but what about the other things worth seeing there? And what might they be, the reader asks? Well, this town close to Kraków is worth a visit for several other reasons, not least for its splendid *Zamek Żupny* – a "castle" – if we may use the term – positioned at the corner of the Market Square, which was built in the late 13th and early 14th centuries. The HQ of the salt mine was long located there, and – as time passed – it passed through a great many makeovers. Happily, the traces of those twists and turns of history have proved capable of surviving down to the present day.

Nearby Tarnów can boast a Renaissance-style Market Square. Though that Square arose at the time the Town gained its charter (1330), both the houses lining it and the Town Hall were remodelled, in the process losing their Gothic look in favour of classic Renaissance features. While Tarnów's 14th-century Cathedral has remained faithful to the Gothic, this does not mean that no conversion work was done down the ages. Rather, it just so happened that the look taken on at the end of the 19th century was … Neo-Gothic.

If Wieliczka or Tarnów are the pearls of the South, then Stargard Szczeciński must serve the same role in the north Polish region of Pomerania. With its unique Mill Gate and beautiful Market Square, Stargard makes a huge impression on the visitor. What is significant here is that the town has retained in still-satisfying shape its system of defensive walls and ramparts (in fact

nuje nas do siebie innym uśmiechem.

Zamość zachwyca podcieniami kamienic otaczających Rynek. Wytyczony w XVI wieku plac jest kwadratem o 100-metrowych bokach – bez przesady zaliczyć go można do najpiękniejszych miejskich rynków Polski, śmiało też może konkurować z renesansowymi rynkami Europy. Dominantę Rynku stanowi budynek Ratusza, wzniesione na przełomie XVI i XVII stulecia, dzieło Bernarda Morando. Przebudowany na przestrzeni wieków, obecny ratusz z 52-metrową wieżą jest wizytówką miasta. Spod ręki włoskiego architekta wyszedł również projekt zamojskiej katedry. Warto tu wstąpić, by uważnie przyjrzeć się dobrze zachowanemu renesansowemu wnętrzu.

Lokowany w 1425 roku Tykocin jest dumą Podlasia. Pięknie położony, przyciąga turystów chcących odpocząć od zgiełku wielkich miast. W Rynku znajdziemy późnobarokowy kościół z malowniczym frontem. Nie sposób pominąć tutejszej synagogi: wystawiona w 1642 roku, do dziś przechowuje pamiątki po dawnej, zgubionej kulturze tykocińskich Żydów i ich odeszłym do historii świecie.

Niezwykle ważne jest to, jak wygląda wjazd do miasta, jak objawia się ono naszym oczom u samego początku. Jest świetliste, czy może jego pejzaż wygląda jak stara wyblakła fotografia? Czy wystrzela gotyckimi wieżami, czy może raczej lgnie do ziemi, jakby nie chciało nikogo niepokoić swoją obecnością? Czy wyrasta nagle, czy może przygotowuje nas na spotkanie, rysując się na odległej linii horyzontu?

Wjazd do Biecza, zawieszonego na urwisku, nad torami kolejowymi, ma w sobie niepokojące piękno. Jeśli nie skorzystało się z obwodnicy, droga poprowadzi przez sam środek miasta, początkowo wspinając się po łuku u stóp gotyckiego kościoła, a potem, za kolejnym zakrętem, idzie już prosto, pozwalając patrzeć na zostawianą po lewej stronie charakterystyczną budowlę Ratusza z wyniosłą wieżycą.

Wizytówką Malborka jest oczywiście krzyżacki zamek. Warto jednak wyjść z jego cienia i ruszyć w dalszą uważną wędrówkę po tym fascynującym mieście. Lista miejsc godnych odwiedzenia jest długa… XIV-wieczny Ratusz na Rynku, średniowieczne bramy miejskie czy gotycki, pochodzący z XV wieku Młyn Górny… A to przecież zaledwie znikoma część zabytkowych atrakcji dawnego Malborka.

Kiedy nad starymi miastami zapada noc, kiedy zasypia Europa, którą współtworzą, historia toczy się dalej. Jutro zmęczone twarze ludzi i miast ożyją nowym blaskiem. Zacznie się kolejny dzień. Prawdopodobnie życie bez tych wszystkich starych miast, bez ich kolorów, światłocieni, byłoby możliwe. Czy jednak byłoby pełne? Z pewnością nie. Ich zmurszałe cegły wciąż budują naszą tradycję, historię i kulturę. Ich brukowane ulice nadal przemawiają do nas stukotem kół, swoją charakterystyczną perspektywą. Jeśli pozwolimy zniknąć tym starym miastom z naszych map i myśli, skażemy na niebyt również ważną część nas samych.

Nie wyrzekajmy się zbyt łatwo wspaniałego dziedzictwa. Zanurzeni w teraźniejszości, uczmy się od czasów przeszłych. Patrzmy w oczy historii. Twarze starych miast zawsze spoglądają na nas mądrymi oczami.

more than half of the 2000+ metres originally present). In this place one may genuinely get the feeling that time has stood still, and back somewhere in the 13th or 14th centuries, at that. It is worth recalling that Stargard was said to be the best-fortified town anywhere in Pomerania.

Each of the Old Towns has a different face seeking to woo us with its own special smile. Zamość boasts its arcaded tenement houses lining the Market Square. Laid out in the 16th century, the latter measures 100 m down each side and can without exaggeration be ranked among Poland's finest town squares. Indeed, it is even said to match up to the Renaissance-style squares around other parts of Europe. The dominating feature in the Market Square is the Town Hall, which was built in the late 16th and early 17th centuries under Bernardo Morando. Remodelled over time, today's Town Hall with its 52m tower is the very hallmark of the locality it serves. The Italian architect also had a hand in designing Zamość Cathedral, which is worth a visit on account of the well-preserved Renaissance interiors.

First receiving its town rights in 1425, Tykocin is in turn the pride and joy of Podlasie, in north-east Poland. Beautifully situated, it attracts those who want to stray far from the "madding crowd" of the big cities. The Market Square features a Late Baroque church with a picturesque façade, while there is also no way to miss the synagogue: erected in 1642, and still preserving the memory of the old, irrevocably-lost culture of Tykocin's Jews, and a world associated with them that has now passed into history.

The way the road into a town looks is of exceptional importance, determining from the very outset how that locality opens up before our eyes. Is it clear whether the landscape looks like something out of a faded old photograph? Do Gothic spires tower above it, or do they rather hug the ground, as if seeking not to allow their presence to become a source of unease? Does the place arise abruptly, or does it first prepare us for our encounter, assuming some kind of outline way over there, on the most distant horizon?

The way into Biecz, suspended as it is, precipitously, over rail lines, has a specific and even disquieting beauty about it. If we choose not to take the bypass, then the road takes us to the very heart of the town, first making a loop at the foot of the Gothic-style church, and then – after one more bend – heading straight on, and thus permitting us a view on our left of the characteristic Town Hall with its prominent tower.

Malbork's calling card is obviously its Castle of the Teutonic Knights. But it is worth stepping out of that great building's extensive shadow in order to take an emboldened wander around what is a fascinating town in its own right. The list of places worth a visit here is in truth a long one … The 14th-century Town Hall on the Market Square, the Mediaeval Town Gates and the Gothic "Upper Mill"(*Młyn Górny*) harking back to the 15th century… And this is in fact just the tip of the iceberg where the heritage of old Malbork is concerned.

When night falls over those Old Towns, and the Europe that co-created them sleeps, history marches on. Tomorrow, the tired faces of people and towns alike will be revived by a new glow. A new day has begun, after all! Perhaps life without our Old Towns – without their colours and their light and shade – would be possible? But would that be a full life? For sure it would not. For that crumbling brickwork goes on building our traditions, history and culture, while those cobbled streets are still redolent with the clattering of wheels, still offer those characteristic perspectives. If we allow these Old Towns to disappear from our maps, and our thoughts, then we condemn into non-existence an equally important part of ourselves.

Let us not bid farewell to our outstanding heritage too readily. While we are rooted firmly in the world of today, let us still take the chance to learn from past times, by looking into the eyes of history. For it is always with wise eyes that the faces of those Old Towns stare back at us.

Tarnów lokowany był na prawie magdeburskim w roku 1330, jednak pierwsze wzmianki są o dwieście lat wcześniejsze. Stare miasto z bogatymi tradycjami do dziś jest jednym z najważniejszych ośrodków Polski południowej. Tarnowski Ratusz stanął na miejskim Rynku już pod koniec XIV wieku. Budynek, utrzymany pierwotnie w stylu gotyckim, został w XVI stuleciu przebudowany pod dyktando założeń renesansu. Ratusz, strawiony pożarem w 1792 roku, musiał był odbudowany, co przyniosło kolejne zmiany w kształcie budowli.

Tarnów was founded as a town in accordance with Magdeburg Law in 1330, though first references were made to it two hundred years before that. With all its rich tradition, the Old Town here remains one of the key centres in southern Poland. The Tarnów Town Hall has stood in the Town Square since the end of the 14th century. Initially maintained in the Gothic style, the building was remodelled to conform with Renaissance dictates in the 16th century. Hit by fire in 1792, it had to be rebuilt, in this way going through yet a further change in shape.

◄ Cieszyn należy do najstarszych śląskich miast. Legenda mówi, że powstał już w 810 roku, po spotkaniu synów Leszka III. Po wysłuchaniu opowieści i obejrzeniu Studni Trzech Braci, która ma być pamiątką po tym legendarnym wydarzeniu, warto udać się pod rotundę św. Mikołaja (na zdjęciu). Romańska świątynia to jeden z najwcześniejszych zachowanych polskich zabytków sakralnych.

Cieszyn is among the oldest towns or cities in Silesia. Legend has it that it came into being as early as in 810 AD, following a meeting between the sons of Leszek III. After listening to that tale and taking a look at the Three Brothers Well (paying homage to the event of legend), one could do worse than visit the St. Nicholas Rotunda (in the photo). This Romanesque-style place of worship is one of the earliest pieces of Polish religious architecture to have come through to the present day.

Malowniczo położony Biecz zachował w swoich zabytkach pamięć o świetnej przeszłości. Dzisiejsze spokojne, małe miasteczko jeszcze do poł. XVI stulecia było jednym z największych polskich grodów.

Picturesquely located, Biecz has an architectural heritage harking back to a far-from-ordinary past. While this is a quiet small town today, until the mid 16th century it was one of the largest defensive settlements anywhere in Poland.

Choć nie ma aktu potwierdzającego lokację Świdnicy, na podsta- ►► wie wzmianek w innych dokumentach uważa się, że prawa miejskie otrzymała ok. roku 1250. Pod koniec XIV stulecia Świdnica stała się, po Wrocławiu, drugim największym ośrodkiem na Śląsku. Jednym z najważniejszych i najbardziej znanych zabytków miasta jest Ewangelicko-Augsburski kościół Św. Trójcy (na zdjęciu). We wnętrzu znajduje się cenny ołtarz główny z 1753 i ambona z 1729 roku – dzieła Gotfrieda Augusta Hoffmana. Warto również zwrócić uwagę na malowidła pokrywające stropy.

Though no act survives to confirm the moment town rights were conferred upon Świdnica, mentions in other documents suggest that the event happened around 1250. One of its most important and best-known items of architectural heritage is its Peace Church (shown here). Inside we find the valuable main alter from 1753 and pulpit from 1729 – the work of Gotfried August Hoffman. It is also worth paying attention to the painting on the ceiling.

131

Paczków, leżący w kotlinie Nysy Kłodzkiej, jest miasteczkiem murów, baszt i barokowych kamieniczek. Z 24 dawnych baszt do dzisiejszych czasów dotrwało 19. Niegdyś pełnił rolę twierdzy, dziś gościnnie zaprasza do odwiedzin. Miasto, lokowane na prawie flamandzkim, powstało w 1254 roku.

Paczków lies within the Nysa Kłodzka basin, and is a small town replete with walls, towers and Baroque-style tenement houses. Of the 24 towers that once existed, 19 have come through to the present day. While once a fortress seeking to keep people out, this town is now more than hospitable to the visitor. Its location occurred on the basis of Flemish rights in 1254.

Brzeg po raz pierwszy został odnotowany jako osada rybacko--handlowa w 1234 roku. Założone później miasto wykorzystało swoje dogodne położenie: przecięcie szlaków lądowych i wodnych dawało bardzo dobre perspektywy rozwoju. Utworzone na początku XIV stulecia księstwo brzeskie przeżywało najlepsze lata pod rządami legnicko-brzeskiej linii Piastów. Brzeski zamek jest jednym z najważniejszych polskich zabytków architektonicznych epoki renesansu.

Brzeg was mentioned for the first time in 1234 – as a settlement for fishermen and traders. The town founded here later on made best use of its fortuitous position, at a crossroads between land and water routes that offered every prospect of effective further development. The Dukedom of Brzeg established in the early 14th century had its golden age under the rule of the Piast-Dynasty Dukes of Legnica and Brzeg. Though the origins of the castle here stretch back to Mediaeval times, the Brzeg Castle we see today in the wake of extensive renovation work done at different times is one of Poland's most important items of Renaissance architectural heritage.

◄ Kłodzko to ponad 1000 lat historii. Odnotowuje je już Kosmas w swojej pisanej w latach 1110–1125 kronice, umieszczając wzmiankę o grodzie pod rokiem 981. Choć czas zatarł pamiątki z tamtego okresu, to jednak warto udać się szlakiem późniejszych, także przecież wspaniałych, zabytków. Przerzucony nad Młynówką gotycki most św. Jana zbliża Kłodzko do Pragi, przypominając swoją architekturą słynny praski Most Karola. Długi na ponad 50 m i szeroki na 4 m, objęty jest po obu stronach kamiennymi balustradami. Niezwykle ciekawe są umieszczone na moście barokowe rzeźby.

Kłodzko has a history extending back more than 1000 years. It was made mention of in the Chronicles of Kosmas penned between 1110 and 1125, though the reference was in fact to an existence as early as in 981. Though time has erased all traces of that era, the buildings from somewhat later can also make for a very satisfying visit. The bridge installed over the Młynówka brings Kłodzko closer to Prague, whose famous Charles Bridge it rather resembles. 50 m long and 4 m wide, it has stone balustrades on either side. The Baroque sculpture-work on the bridge is regarded as particularly interesting.

Na początku był gród wybudowany na wzgórzu, nazwanym dziś na pamiątkę prawdopodobnego założyciela Wzgórzem Krzywoustego. Z czasem pod grodem uformowała się osada rzemieślnicza, która jeszcze przed rokiem 1288 uzyskała prawa miejskie. Na zdjęciu jeleniogórska fontanna z figurą Neptuna, która stanęła na miejscu dawnej studni. Barokowa rzeźba boga mórz pochodzi z połowy XVIII wieku. Symbolizować miała powiązania handlowe Jeleniej Góry z zamorskimi partnerami.

First there was a defensive settlement built on a mound to this day called *Wzgórze Krzywoustego* in honour of the likely founder, Bolesław the Wrymouth. With time, this transformed into a community of artisans that gained town rights some time before 1288. Depicted here is Jelenia Góra's Neptune Fountain, which stood where a well had once been. The Baroque-style sculpture of the God of the Sea originated in the mid 18th century.

◄ Katedra, najcenniejszy zabytek Gniezna. Stojąca na Wzgórzu Lecha, góruje swymi wieżami nad miastem. Jest jedną z najważniejszych historycznych świątyń Polski – to tutaj do roku 1320 odbywały się koronacje królów. Samo Gniezno, wykształcone z osady powstałej prawdopodobnie w VI lub VII stuleciu, odegrało wybitną rolę w formowaniu się państwa polskiego. Z czasem powstał tu gród stołeczny pozostający we władaniu Piastów.

Gniezno's greatest structure is its Cathedral, located on "Lech's Mound" and hence towering with its spires above the rest of the city. This is one of Poland's most important places of worship from history, since Kings were crowned here up to 1320. The city – which grew up out of settlements founded as long ago as in the 6th and 7th centuries – played a leading role in shaping the Polish state. Ultimately, a capital city ruled by the Piast Dynasty came into existence here.

Odlane z brązu Drzwi Gnieźnieńskie pochodzą z II poł. XII stulecia. Na skrzydłach, od przedniej strony widnieje osiemnaście scen z życia św. Wojciecha.

Cast in bronze, the Gniezno Cathedral doors date back to the mid 12th century. The front parts feature 18 scenes from the life of St. Adalbert.

Strzelno uzyskało prawa miejskie w 1231 roku. Dzisiaj to niewielkie, 6-tysięczne miasteczko zaprasza do obejrzenia pamiątek przeszłości, których nie powstydziłyby się najpopularniejsze zabytkowe ośrodki. Bazylika św. Trójcy w Strzelnie, wzniesiona na przełomie XII i XIII w była kilka razy w swojej historii przebudowywana. Na romańskich zrębach stanęła świątynia najpierw gotycka, potem nadano jej kształt barokowy. Na zdjęciu słynne kolumny – zabytek niebywale cenny i rzadki w świecie. Podobnej klasy skarbem pochwalić mogą się jedynie wenecka katedra św. Marka i katedra św. Jakuba z Santiago de Compostella.

Strzelno obtained its town rights in 1231. Today this small town of 6000 people welcomes those wishing to take a look at its surviving heritage, whose quality is such that it would not shame many a more famous historic centre. The Basilica of the Holy Trinity in Strzelno was erected in the late 12th and early 13th centuries. Romanesque at its heart, the developing place of worship later took on Gothic, and then Baroque, features. The columns shown here are extremely valuable, being such a rarity anywhere in the world. Indeed, treasures of this rank can only otherwise be admired at Venice's St. Mark's Cathedral or in St. James's in Santiago de Compostela.

Zanim Ziemia Chełmińska i Grudziądz przeszły w ręce zakonu krzyżackiego, ich właścicielem był biskup misyjny Chrystian. W 1466 roku, po podpisaniu II pokoju toruńskiego, Krzyżacy stracili położone tu dobra na rzecz Polski. Usytuowane na wiślanej skarpie spichlerze tworzą unikatową panoramę Grudziądza. Zapiski historyczne wspominają o istnieniu spichlerzy już w latach 1346–1365.

Before the Chełmno-Grudziądz region passed into the hands of the Teutonic Knights, the owner was Mission Bishop Chrystian. In 1466, following the signature of the Second Peace of Toruń, the Knights lost their land here to Poland. The granaries located along the Vistula Scarp are what help shape the unique panorama of Grudziądz, and the first reference to such structures here go back to the years 1346–1365.

◄ Szczecin znajduje się na liście najstarszych miast w Polsce. Perła zachodniego Pomorza co roku przyciąga wielu turystów, którzy decydują się spędzić tu czas, nie tylko ze względu na walory przyrodnicze czy krajobrazowe, ale również dla zachowanych szczecińskich zabytków. Na zdjęciu Zamek Książąt Pomorskich.

Szczecin is among Poland's oldest cities. Each year, this Pearl of Western Pomerania draws a host of tourists attracted, not only by nature and features of the local countryside, but also by the built heritage of Szczecin itself. In the photograph, the Castle of the Dukes of Pomerania.

Niegdyś o Stargardzie Szczecińskim mawiano: miasto wież i kościołów. Często do nazwy dodawano również przymiotnik – najwyższy, trafnie opisujący ówczesną panoramę Stargardu. Brama Wałowa widoczna na zdjęciu to jedna z czterech wystawionych w średniowieczu bram miejskich.

Once it was said of Stargard Szczeciński that it was a town of towers and churches. Often this was accompanied by the adjective *najwyższy* ("the highest"), this being an accurate description of the town's then panorama. The Wałowa Gate was one of four town gates installed in the Middle Ages.

Malbork, największa gotycka twierdza w Europie. Przed wiekami, ►► za rządów krzyżackich, dzisiejszy Malbork nazywał się Marienburg, czyli miasto Marii. W roku 1286 nadano mu prawa miejskie. Na zdjęciu: mury zamku krzyżackiego w Malborku. Pochodząca z przełomu XIV i XV wieku twierdza składa się z trzech zamków: Wysokiego, Średniego i Niskiego. W roku 1997 zespół zamkowy wpisany został na Listę Światowego Dziedzictwa UNESCO.

Malbork, Europe's largest stronghold epitomising the Gothic style. Centuries ago under the Teutonic Knights this was *Marienburg* ("the city of Mary"). Town rights were conferred upon it in 1286. In 1997, the castle complex here became a UNESCO World Heritage Site.

Malowniczo położony nad Zalewem Wiślanym Frombork otrzymał prawa miejskie przypuszczalnie w 1310 roku, ale pisane dowody jego istnienia odnajdujemy już w latach wcześniejszych. Od końca XIII stulecia ulokowana tu była siedziba kapituły warmińskiej. Z Fromborkiem w latach 1510–1543 związany był Mikołaj Kopernik. Właśnie tutaj, na Wzgórzu Katedralnym, gdzie astronom mieszkał i pracował, powstało jego główne dzieło – „De Revolutionibus". Na zdjęciu Madonna Boreschova – kolisty obraz epitafijny w katedrze fromborskiej.

With its picturesque location by the Vistula Lagoon, Frombork probably gained its Town Rights around 1310, though its existence was referred to in writing before that. The Varmia Chapter had its seat here from the late 13th century onwards, and this was the reason for the presence in the town of Copernicus, between 1510 and 1543. His great work *De Revolutionibus*… was written right here on Cathedral Hill, where the astronomer lived and worked. Pictured is the Boreschov Madonna – on a circular epitaph painting within the Cathedral.

Choć Bisztynek może sprawiać wrażenie miejsca zapomnianego i nieco melancholijnego, to jednak warto zawrzeć z nim bliższą znajomość. Urok tego miasteczka na Warmii, a także zabytki, które ukrywa w swoich murach, nie pozostawiają nikogo obojętnym. Na fotografii: pochodzący z końca XIV wieku kościół św. Macieja i Przenajświętszej Krwi Chrystusa. Dzisiejsza świątynia ma cechy późnego baroku.

Although Bisztynek may give the impression of having been forgotten, and left in a state of melancholy, it remains worth the effort of getting to know this place a little better. For it is in fact hard to be left unmoved by this Warmia-region town, and by the heritage contained within its walls. Pictured here is the town's late 14th-century Church of St. Matthias and the Most Precious Blood of Christ. Today's place of worship has Late Baroque features.

◄ Początki Nadbużańskiego Drohiczyna sięgają XI wieku, to historyczna stolica Podlasia. Jest jednym z 4 grodów koronacyjnych w Polsce. Warto tu zajrzeć dla barokowych zabudowań klasztornych, a także po to, by poczuć niezwykłą atmosferę tego miasteczka. Drohiczyn powstał na ziemiach, gdzie krzyżowały się wpływy polskie i ruskie, przecinały szlaki i zazębiały tradycje. Na zdjęciu kościół i klasztor jezuitów.

The beginnings of Drohiczn on the River Bug – historical capital of Podlasie region – stretch back to the 11th century. The settlement became significant enough to serve as one of Poland's four Coronation Cities. Drohiczyn is worth a visit for its Baroque monastery complex, it is true, but also simply for its exceptional overall atmosphere. Polish and Ruthenian influences met in this area, as did trade routes and civilisational traditions. The photograph is of the Jesuit Church and Monastery, which was funded by King Władysław Jagiełło in 1386.

Położony nad Narwią, na skraju Puszczy Knyszyńskiej Tykocin, lokowany był na prawie chełmińskim w 1425 roku. W Tykocinie zachował się dawny układ przestrzenny miasta, co jeszcze bardziej podkreśla wagę tutejszych zabytków, składających się na najstarszy i najciekawszy kompleks urbanistyczny Podlasia. Zdjęcie przedstawia wnętrze pochodzącej z 1642 roku Wielkiej Synagogi.

Situated along the Narew, Tykocin was founded on the basis of Chełmno rights in 1425. This town full of monuments represents the oldest and most beautiful complex of urban architecture in Podlasie region within its historical boundaries. In the photograph, the interiors of the town's Great Synagogue dating back to 1642. The walls carry partially restored Hebrew inscriptions

Jeśli czegoś szczególnie oczekujemy od małych miasteczek, to z pewnością magicznych zaułków, które pobudzają wyobraźnię i pozwalają cofnąć się w odległą przeszłość. Widok z Rynku w Kazimierzu Dolnym na kościół farny.

If there is one thing in particular that we expect of small towns, it is those magical corners, nooks and crannies that fire the imagination and effectively permit us to go back in time.

Kazimierz Dolny – ulubione miasto artystów i tych, którzy lubią piękne pejzaże. Kazimierz Sprawiedliwy oddał te ziemie w posiadanie norbertankom – przypuszcza się, że właśnie im zawdzięcza się zmianę nazwy Wietrzna Góra na Kazimierz. Najlepsze czasy Kazimierza to XVI i XVII stulecie.

Kazimierz Dolny is the favourite town of artists in particular, and lovers of beautiful landscapes in general. The land here was given over to the Norbertine Sisters by Kazimierz the Just (reigning in the late 12th century), and it is presumed that this fact explains the name change from Wietrzna Góra ("Windy Hill"). Kazimierz had its golden age in the 16th and 17th centuries.

Sandomierz… Tysiąc lat tradycji, niezwykłej wagi zabytki architektury i niebanalna uroda – oto co przyciąga co roku dziesiątki tysięcy zwiedzających. Sandomierz zaliczony został przez Galla Anonima do trzech głównych, obok Krakowa i Wrocławia, polskich grodów. Testament Krzywoustego ustanawiał Sandomierz stolicą jednego z księstw dzielnicowych.

Sandomierz… A thousand years of tradition, exceptionally precious architectural heritage and more than a little charm – these are what bring thousands of tourists here annually. Sandomierz was counted by 11th-12th century chronicler *Gallus Anonymus* as one of the three main Polish towns (alongside Kraków and Wrocław). The infamous will of Bolesław III "the Wrymouth" – who died in 1138 – in turn declared Sandomierz to be capital of one of the princely districts into which he had opted to split a previously-united Poland.

Przemyśl – widok Starego Miasta. Stromizny uliczek i wyniosłe wieże kościołów... Specyficzny klimat Przemyśla wywodzi się z położenia miasta: na skrzyżowaniu kultur, tradycji, religii. O Przemyśl rywalizowały w dawnych wiekach Polska, Ruś i Węgry; do dzisiaj napotkać można ślady kulturowej mozaiki, która przez stulecia budowała miasto. Pod panowaniem Austrii miasto stało się trzecią co do wielkości twierdzą europejską.

Przemyśl – the view of the Old Town. Steeply-sloping little streets and impressive church towers... The specific atmosphere here reflects a location at a meeting point – and melting pot – for cultures, traditions and religions. Those once competing to hold Przemyśl included the Poles, Ruthenians and Hungarians, and to this day traces of those and other cultures may be found. Under Austrian rule, this became the third most important fortress in Europe.

Pierwsze wzmianki o Leżajsku pochodzą z XIII stulecia, jednak ▶ prawa miejskie Leżajsk otrzymał później, w roku 1397 od Władysława Jagiełły. Warto tu przyjechać, by odbyć spacer śladami minionych wieków. Organy w bazylice ojców Bernardynów w Leżajsku pochodzą z II poł. XVII stulecia. To ścisła czołówka europejskich zabytków tego rodzaju.

The first references to Leżajsk go back to the 13th century, though town rights were not obtained until 1397, when King Władysław Jagiełło did the honours. It is worth coming here for a walk that takes in traces of the ages gone by. The organ in the basilica of the Bernardine Fathers comes from the second half of the 17th century, for example, and is among Europe's very best examples of this kind of object.

„Perła renesansu" i „Padwa Północy" – te określenia Zamościa wcale nie są na wyrost. Od 1992 roku zabytki zamojskiego Starego Miasta figurują na Liście Światowego Dziedzictwa UNESCO. Ormiańskie kamienice, usytuowane w północnej pierzei zamojskiego Rynku, przykuwają wzrok swoją niezwykłą kolorystyką. Wybudowano je w poł. XVII stulecia w części miasta, którą Jan Zamoyski przeznaczył na osiedlenie Ormian.

The "Pearl of the Renaissance" and "Padua of the North" are both terms applied without exaggeration to Poland's Zamość. Since 1992, the Old Town heritage here has featured on the UNESCO World List. The Armenian tenement houses on the north side of the Market Square in Zamość draw the gaze of visitors with their exceptional colour-schemes. They were built in the mid 17th century, in the part of the town that Jan Zamoyski had set aside specifically for settlement by Armenians.

Dominantę zamojskiego Rynku stanowi manierystyczno-barokowy budynek Ratusza. Do wnętrza prowadzą charakterystyczne wachlarzowe schody, tworzące u dołu niewielkie arkady. W górę wspina się 52-metrowa wieża, z której, jak przystało na miasto z tradycjami, każdego dnia od maja do września w południe odgrywany jest zamojski hejnał.

Holding sway over the Zamość Market Square is the Mannerist-Baroque style Town Hall. Fan-shaped steps lead up to the entrance, with a small arcade beneath them, while above there is a 52m tower. And, as befits a town keen on its traditions, a trumpet call or *hejnał* is blown from that tower every day at noon in the months of May to September.

Łańcucki zamek – pamiątka po dawnej świetności arystokratycznych rodów Lubomirskich i Potockich. W swoich najlepszych latach był jedną z najwspanialszych rezydencji w Europie

Łańcut was established under Magdeburg rights in 1349, the conferment of town status being by King Kazimierz the Great. The photograph show the castle, which recalls the times of the aristocratic Lubomirski and Potocki families. Back then, their palace was one of Europe's finest residences.

157

Tekst Text	BOGUSŁAW MICHALEC
Tłumaczenie Translation	JAMES RICHARDS
Zdjęcia Photos	MAREK CHEŁMINIAK str. pp. 118, 119, 120-121, 122, 124
	PIOTR CIEŚLA str. pp. 11, 12, 13, 16, 20, 26-27, 49, 52, 53, 54, 55, 56-57, 58, 68, 74, 75, 85, 100, 101, 102, 103, 112, 113, 131, 134, 136, 137, 141, 148, 149, 150, 152-153, 154
	GRZEGORZ FIEDZIUKIEWICZ str. pp. 82, 157
	TOMASZ HENS str. p. 62
	RENATA i MAREK KOSIŃSCY str. p. 155
	WOJCIECH KRYŃSKI (Photospoland) str. pp. 14-15
	PAWEŁ KRZAN str. pp. 7, 8-9
	DARIUSZ KULA str. p. 88
	DARIUSZ KUŹMIŃSKI str. p. 83
	MAŁGORZATA i MICHAŁ KUŹMIŃSCY str. p. 140
	ALEKSANDER LIEBERT str. pp. 92, 95, 99, 115, 116
	PIOTR MACIUK str. pp. 65, 69, 70, 71, 72
	MAREK MARUSZAK str. pp. 17, 21, 50-51, 60-61, 80-81, 104, 130, 132-133,
	JAN MOREK (Photospoland) str. pp. 10, 29, 33, 84
	BEATA PARMA str. pp. 106, 109, 117, 123, 125
	ROBERT PARMA str. pp. 4, 22, 25, 28, 30, 31, 32, 34-35, 36, 37, 38, 39, 40-41, 42, 43, 44-45, okładki/cover photos
	LESZEK J. PĘKALSKI (Photospoland) str. pp. 76, 89
	SEWERYN PONIATOWSKI str. pp. 46, 59
	JERZY TATOŃ str. pp. 142, 143
	MIECZYSŁAW WIELICZKO str. pp. 138, 144-145, 146, 147
	JAN WŁODARCZYK str. pp. 18-19, 86-87, 90-91, 96-97, 98, 110-111, 114, 126, 129, 151, 158-159
	MAREK WOJCIECHOWSKI str. p. 79
	DARIUSZ ZARÓD str. pp. 66-67, 73, 105, 135, 139, 156
Projekt graficzny, DTP Layout, DTP	WYDAWNICTWO MAZOWSZE
Wydawca Publisher	Wydawnictwo Mazowsze Sp. z o.o.
	e-mail: wydawnictwo@wmazowsze.pl
	www.wmazowsze.pl
	tel.: (+48 22) 216 71 64

ISBN 978-83-929368-4-8

Warszawa Warsaw 2010